SV

Band 1487 der Bibliothek Suhrkamp

Ludwig Hohl
Nächtlicher Weg

Erzählungen

Suhrkamp Verlag

Die Sammlung *Nächtlicher Weg* erschien zum ersten Mal 1943 in Zürich. Der Autor hat für die Ausgabe 1971 die Texte neu durchgesehen und einige Erzählungen nicht mehr aufgenommen.

Erste Auflage 2014
Suhrkamp Verlag Berlin

Satz: Satz-Offizin Hümmer GmbH, Waldbüttelbrunn
Druck: Druckhaus Nomos, Sinzheim
Printed in Germany
ISBN 978-3-518-22487-8

Für Madeleine

DAS BLATT

Ein Mann, in seiner Verlassenheit, kam stadtauswärts gegangen, er setzte sich auf eine Bank an einer großen proletarischen Straße, die sie »Gürtel« nennen. Da fiel ein Blatt auf ihn herunter, denn es stehen Bäume am Gürtel. Das Blatt hätte er um alles nicht wegzuwerfen gewagt, es war ein Zeichen von oben, und er behielt das Blatt.

Er sollte nach Hause gehn, wo er etwas zu essen hingelegt hatte; kein Hunger trieb ihn, aber er mußte sich ernähren – oder sollte er vielleicht gleich für ewig hier bleiben und sterben? Nun aber entstand eine ganz sonderbare Frage. Seltsam ist es, wenn ein Mann mit einem Blatt in der Hand durch die Straßen geht, und doch durfte er vom Blatt sich nicht trennen; denn es war ein Zeichen von oben. Da hielt er es in den Händen am Rücken und drehte es, als ob er gedankenlos sei: dem Lächerlichen entging er so. Er drehte es und drehte es, aber auf einmal fiel das Blatt auf die Erde, in der letzten Gasse vor seinem Hause geschah es. Und er ging weiter, denn die Feigheit war doch zu groß in ihm, und das Blatt lag hinter ihm auf der Erde.

Immer einen Schritt und immer einen Schritt ging er und das Blatt lag immer weiter hinter ihm auf der Erde. Er spürte die Feigheit anwachsen, er dachte an Riesenfelder, die beim Einbrechen der Nacht anwachsen, die Gedanken an das Blatt kamen immer und starben. Aber einmal war er doch zu sehr erschrocken, und es entstand und es geschah doch: er wandte sich mechanisch, das Blatt zu holen.

In der letzten Entscheidung um sein Glück und sein Leben hatte er doch alles getan und drum schritt er freudig, als er einmal zurückzugehen begonnen hatte, denn er fürchtete keine Menschen und er ging, um das Blatt zu holen.
Es war ein kleines und etwas welkes Blatt und man sah es nicht gut auf den Pflastersteinen.

Er ging sehr weit, und er sah nicht mehr das Blatt. Und er wußte, der Wind hat es weggenommen oder der Schritt eines Menschen. Da sank auf ihn die große Traurigkeit. Und dann sang doch wieder eine ferne Freude: denn an ihm lag es nicht, wenn das Unglück kam. Er ging zurück und mit froherem Schritt nach Hause.
Da sah er das Blatt, wie er den halben Weg gegangen. Er sah es deutlich und einfältig liegen auf den Pflastersteinen. Weil es so klein und deutlich dalag, verstand er auch, wie er es hatte übersehen können. Er hob es auf mit Freudigkeit und achtete nicht der Fenster, aus denen Weiber schauten, die eben ihre Wäsche schüttelten.
Jetzt war der Sieg sein und unverschleiert in klarer Nähe. Mit dem Blatt in der Hand kam er aufgerichtet nach Hause.

1931

DER IGEL

Längst hatten sie, Martin und seine Frau, in ihrer Einsamkeit ein Tier zu besitzen gewünscht; die Einsamkeit, in der sie wohnten, in diesem äußeren und ödesten Teil der öden Stadt, welche mehr dem Lande glich, war nicht böse, aber es war eben die Einsamkeit, die völlige Stille bis in aller Tage Viertelstunden hinein; die Stille, während der hoch am Himmel weiße, dicke Wolken wandern ...: da muß die Natur wuchten, wuchern und wachsen müssen ihre Geschöpfe, damit die unermeßlichen Lüfte nicht erdrücken in unbewegter Welt. – Zwar stiegen im kleinen Garten die Sonnenblumen in erstaunliche Höhe, sie wuchsen und wuchsen und wurden zu Bäumen. Nach einem Tier aber bestand doch immer das Verlangen, nach einem Häschen etwa, mehr noch nach einem Igel, einem in so viel höherem Maße gehaltvollen Wesen. Obgleich es schwer ist, einen solchen zu finden, war es endlich doch gelungen. Nach zwei Wochen aber war er wieder verschwunden, verschwunden wie nur ein Igel und kein anderes Tier verschwinden kann – der Ort war doch klein und klàr, und mit Hag und Mauer umgeben; groß und schwer der Igel, nicht huschend und dehnbar wie eine Maus, nicht einmal gewandt zum Laufe? Aber er war nicht wiederzuerlangen, und niemand hatte ihn gesehen. Nach einiger Zeit jedoch, welches Wunder geschah: Martin fand selber einen Igel; nachdem man mit Geld und jeglicher Bemühung sich keinen mehr hatte verschaffen können, fand er einen durch reinen Zufall; es geschah auf einem späten, durch ein entferntes Wäldchen führenden Gang.

Ein guter Schlag des Schicksals! Das war es, wie ein so ersehntes Tier auf einmal eintraf. Mit ihm zog an diesem Tag ein fröhlicher Geist in das kleine Haus ein, über dem ein guter Stern stehen mußte. Martin küßte seine Frau, ja, ein unerwartetes Glück war in das Leben der beiden Menschen eingezogen. – Sie fütterten das kleine Tier, das schnurrig und gehalten sein winziges und doch wieder auch fast großes Dasein fristete; denn ist nicht ein Igel eine Art Philosoph, eine Stelle der Einkehr, ein ernster Ort des Zusammentreffens seltener Dinge im Reich der Tiere? War so ein Wesen im Hause nicht ein schweres Besitztum? Sie nannten ihn elefantenartig; sie rückten ganz nahe an ihn heran mit ihren Augen. Was für Kräfte besaß er, kleine Bretter, die in seinem Weg lagen, ja eine ganze Kiste wegzuschieben! Er war wie ein Tank. Und schwer wie Blei. Mochte er nicht zwei Kilo haben und war doch, zusammengerollt, nur eine winzige Kugel? Er schlief lange, nahm, wenn er erwachte, sogleich Nahrung an, wie er schon am ersten Tag, obwohl vorher in der Wildnis lebend, solche angenommen hatte; er zischte böse, wenn man ihn unrichtig anrührte, zeigte überhaupt viel Willkür, Unerschrokkenheit für die Natur so kleiner, gewöhnlich so scheuer Tiere, konnte wiederum in zunehmender Sanftheit seine Stacheln weich werden lassen und sehr liebenswürdig sein. Wird nicht das kleinste Ding ungewöhnlich, wenn man sich genügend in seinen Anblick versenkt? Ein Igel aber ist immerhin nicht alltäglich. – Sie verloren viel Zeit mit ihm, ja viel zu viel Zeit für ein so geringes Tier …; sie lernten alle seine Einzelheiten kennen, sie stiegen nieder in seine Tiefe mit ihren Sinnen. Er ist ganz seltsam, sagte Martin, er ist sanft und gescheit, ja man darf ihn eigentlich wunderbar nennen.

Dann las er einen nordischen Dichter und sagte seiner Frau vor: »Seht, dieser Isaak, das ist er nun, ein Klotz ...« und »Sievert, bleibe nur hier, sei zufrieden mit deinem Los, laß dir nichts erzählen ... Wächst und gedeiht hier nichts? Hier wächst und gedeiht alles.«

Hoch am Himmel wanderten weiße dicke Wolken, die Stille blieb, aber die Unermeßlichkeit der Lüfte drückte nicht mehr. Schmatzend fraß unten das kleine Tier und hatte eine Stärke in sich, die den Zauber der Höhe brach; die Menschen erfrischten sich an seinem gehaltenen und rätselvollen, kühlen und starken Leben. Und der Igel wuchs. Früher hatte man gesagt, er sei mächtig (elefantenartig), nun aber entfaltete er sich wahrhaft außerordentlich, noch und noch, – er hörte nicht mehr auf zu wachsen.

Es kam eine Zeit, da dieses Wachsen leise zu beunruhigen begann. Denn jetzt konnte man ihn schon mit keinem Willen mehr für einen Igel halten. Zu den Ebern mußte man ihn eher zählen; waren doch auch Hauer hervorgetreten und gingen die Stacheln mehr und mehr in Borsten über; er nahm immer weiter zu und fraß viel. – Nach und nach wurde er wirklich elefantenartig. Jetzt fraß er Unmengen. Er wohnte im obern Stockwerk, mit einer Gabel bot man ihm Heu hinauf durch das kleine geöffnete Fenster – aber nur nachts, denn man fürchtete die Nachbarn, Ärgernisse von ihnen, sie sollten nichts wissen von dem Tier. Sah es aber doch einer, wie man Heu hinaufbot, so sagte man, man stopfe Matratzen.

Das Beschaffen der unermeßlichen Nahrungsmengen begann, da Martin kein Vermögen besaß und nur bescheidene Einkünfte, die wirtschaftlichen Verhältnisse des Hauses zu zerstören.

Ja, das Tier wurde unheimlich; was sollten Martin und seine Frau tun? Und immer schwieriger wurde es, den andern Leuten die Sache zu verbergen; die seltsamsten Erklärungen mußten gegeben werden, wenn man bisweilen einen gewaltigen Ton vernahm, ein Zittern und Wanken des Hauses bemerkte; zum Beispiel, der Wind habe durch eine Dachluke gepfiffen; sehr arge Dachluken seien da oben! (In diesem Augenblick erlitt das Haus einen neuen Stoß, der Himmel wölbte sich über ihm sehr blau und still.) Selber wurden sie immer ratloser, geängstigter. Wenn sie bisweilen im kleinen Garten standen und unversehens durch das Fensterchen aus dem Halbdunkel und aus den riesigen Dimensionen des Kopfes hervor finstere Blicke herunterfielen –, so verließen sie schnell den Garten. Und doch durften sie von diesem Glück, dem Tier, das in seltsamem Geschehnis erschienen war (und ohne dessen Erscheinen die Höhe der Lüfte sie erdrückt hätte, wie sie meinten), sich nicht trennen. Jedenfalls stand das nicht mehr in ihrer Macht. Mit welcher Gewalt hätte man das Tier aus dem Gemach bringen sollen, ohne dieses zu zerstören, die Öffnungen genügten ja schon lange nicht mehr an Weite! Rüssel und Stoßzähne entwickelten sich nun ins Ungeheure, das Haus bebte von dem Gewicht, Martin und seine Frau wohnten im Erdgeschoß, die Angst mit ihnen.

Und jetzt *befahl* das Tier. Genügte ihm die Nahrungsmenge nicht, so erkannte man das an einem gesteigerten Lärmen, ja Toben, so daß man jeden Augenblick erwarten

konnte, daß eine Mauer berste. Martin verkaufte alles, was er hatte.
Als das Gewicht des Elefanten zwei Tonnen überschritten hatte, geschah eines Tages das längst Erwartete: Der Boden des ersten Stockwerks wich. Gewisse Balken, die zur Aufrechterhaltung des ganzen Gebäudes nötig waren, brachen und das kleine Haus verwandelte sich in einen Trümmerhaufen. Unter Trümmern sahen Martin und seine Frau, die sich hatten retten können, unerschlagen, unversehrt das riesige Geschöpf stehen und sich bewegen. Die Nachbarn, die zusammengelaufen waren, die vielen Fremden, die der Vorfall herbeizog, sahen es auch.
Schrecknis, Flucht, Hasten und jede Art Alarmieren. Die Feuerwehr kam, blieb aber, trotz ihrer großen Ausrüstung, sehr auf der Hut; denn solchen Gegner hatte sie nie gesehen. Man berichtete nach der Kaserne, Militär wurde aufgeboten; nach einem Zirkus lief man, Tierbändiger zu holen. Aber ehe diese eintrafen, war es dem Militär gelungen, den finstern Koloß, der Zeichen eines maßlosen Zornes zu geben begann, mit schwerer Waffe zu erlegen.
Martin und seine Frau standen arm da, verloren, in brennende Rätsel, unlösbare Fragen gehüllt wie in Trübsal. – Wohl versuchte Martin den Menschen zu erklären, daß der Unhold aus einem Igel entstanden sei, aber wer glaubte so etwas? Er erzählte viel, doch: »Du lügst, Martin«, sagten sie, »es kann nicht aus einer Tierart eine andere werden!« Und wenn auch ein vages Männchen, das sich unter der Menge befand, ein vager ferner Onkel, der auch Martin hieß, etwas von dunklen Dingen zu murmeln begann, etwas von Geistern, von einem besonderen Geist, den man einhauche und der selbst Arten zu ändern ver-

möge –, so ertrank dieses schwache Gemurmel ganz und gar in den heftigen Reden der andern. Keiner von diesen glaubte den lauten Beteuerungen Martins und seiner Frau und so hatten die beiden ungemildert die schwere Last aller Folgen zu tragen.

1933

LANDSCHAFTEN

Von Jahr zu Jahr habe ich das Gebirge mehr aus den Augen verloren: Die Dinge, wie mächtig sie einst waren, erblassen, wenn der Moment der Trennung immer weiter zurücktritt, eine gewaltigere Distanz uns von ihnen scheidet. Die Sehnsucht, die mich einst jedes Jahr so heftig gefaßt, getrieben hatte, die Berge zu suchen, erlosch auch, allmählich, aber sie erlosch dennoch, wie ich es nie für möglich gehalten hätte, und ich wurde von anderen Dingen erfüllt. Als ich längst den Punkt der größten inneren Entfernung erreicht hatte, da auf einmal begannen sie, die Berge, aus dem Nichts heraus, zu wachsen; aber dazu brauchte es, daß ich im feuchten Dunkel Hollands lebte. – Hier, in Holland, sind die Tage nicht viel heller als die Nächte und die Nächte nicht viel dunkler als die Tage. Und wenn die Dinge dort an Präzision sterben, abgeschnürt, erwürgt von den Konturen, verenden sie hier, Wulst bildend, an ihrer Unbegrenztheit, an ihrer Auflösung an ein feuchtes und wiederum unklares Umgebendes. Wo keine Formung ist, da ist nicht Sprache, und wo die Sprache fehlt, da tritt erst recht keine Formung, keine Auseinandersetzung und weitere Gestaltung ein: Und so leben die Dinge hier verloren in eine Trübheit, ein müdes Ungebautes, einen düsteren, von Gedanken nicht durchgreifbaren Raum.
Und wie nun in dieser trüben, feuchtdunklen Welt das Gebirge – und seine geistige Schwester, das südliche Meer – zu erstehen begann, aus nichts Sichtbarem heraus, ganz aus dem Innern (als ob früher nur gesät worden wäre),

da zog mich *keine Sehnsucht mehr* zum Gebirge hin. Die Augen schlossen sich und es war alles da. Ob ich hinreisen sollte, hätte mir nur getönt wie die Frage eines ganz Außenstehenden. Die Berge, die irdischen, konnten mir nicht *mehr* geben, nur weniger. Ich hatte einen Block roten Granits an einem öden Ort in der Umgebung einer Großstadt liegen sehen und das genügte mir: Schon erstand ein Grat vor mir, breit, aus mächtigen Blöcken solchen Granits gebildet, aus weiter nichts; ein Grat aus rotem Granit am nebligen Morgen – in milchigen Nebeln ertranken die rötlichen Blöcke, aber Granit ist der härteste Stein –: Und hinter den Nebeln wartet ein wunderschöner Tag wie ein Mensch von durch nichts zu gefährdender, nie zu erschöpfender Güte.
Hier im Dunkel – in der trüben Welt, die so beklemmt macht –, hier sind auch Nebel, aber sie gehen nicht weg. Dort dagegen, wenn dort über dem rötlichen Grat am Morgen der milchige Nebel lagert, so lieben wir ihn, weil dahinter der Tag der Berge steht, weil er, der Nebel, selber nur wie eine Figur *im* Tag steht, er hindert nicht den Tag. – Der Tag der Berge: Die Seen blau in der Tiefe, die Wälder und Wiesen in unnennbarer Ruhe über die Hügel hingebreitet, die Felsen wie Kerzen in der Landschaft stehend, andere wie bleiche Altäre, die nur der Himmel überdeckt und an die sich die Länder hinanschwingen.
Im trüben Winter hier, einer schlaffen Ewigkeit, erlangen jene Formen erst ihre volle Losgelöstheit, ihr innerlichstes Glänzen. Hier ist auch ein Meer, aber es besitzt keinen Horizont. Wo man sich auch hinwende an seinem traurigen, überall ganz gleich flachen und verlorenen, trostlosen Strand, überall enden die dünnen Wellen langsam und arm-

selig, aber auch draußen nirgends zeigt das Meer seine Stärke an, durch ein Schimmern oder eine Farbe oder einen Horizont: Allüberall und immer sehen wir denselben Wattestreifen, der den Horizont ersetzt, immer haben wir vor uns diese kreidige Zone, dieses Zusammenfließen von niedrigem Himmel und Wassern, das so unendlich und ausgangslos wirkt, so bangemachend wie die ewige und tonlose Verkündigung allgemeinen Todes. – Zu träumen beginne ich jetzt von einem andern Meer: In jenem kühlen Hause an seinen sonnenerhitzten Ufern wohne ich wieder, alles glänzt und duftet, das weiße Mäuerchen ist warm. Ich habe meine Speise gegessen ohne viel Appetit und bin da herausgekommen, aber jetzt ist das Gefühl der Genährtheit angenehm; ich kann beruhigt dem Meer entlang gehen, von dem nur das weiße Mäuerchen auf felsigem Ufer mich scheidet, tintenblauem Meer. Ferne Horizonte sind zugleich da mit dem Gefühl, daß es nur *einen* Horizont gibt. Es kommt die Ruhe und es kommt wieder die Unruhe, aber hier habe ich schon ein festeres Haus gebaut …
Der Winter in Holland bringt keine Schneekristalle, nichts Blitzendes überhaupt. Und nun wandern die Träume in immer größeren Scharen in die Gewalt der Berge hinein. – Der alte Michel ist wieder da, mein einstiger Wirt, er hat mich in der Stadt gesucht und nun begleite ich ihn, da es gegen Mittag geht, auf sein Land zurück; dort aber, in seinem Gasthaus, lebt und wohnt ja schon ein Freund von mir – wie kündet sich alles gut an, fügt sich beruhigend zusammen! Freilich verwechsle ich in meinem Traum einen Teil der Umstände mit denjenigen eines andern Bergaufenthaltes und verberge es mir nicht, dunkel stelle ich es fest; der Wirt müßte ja in diesem Falle eine alte Wirtin sein –

doch es ist Michel; warum aber soll er nicht auch in ein paar andern Umständen leben können, in vielleicht etwas herrlicheren, wenn sie doch den seinigen innerlich nicht widersprechen? Wir gelangen in jenes Land mit den ungeheuer weit kreisenden Linien, den kahlen und riesigen Hügeln gewisser Voralpen, das zudem aber auch das fette Grün von D. besitzt, landschaftlich also eigentlich nichts mit B. zu tun haben kann. Und doch lebt man hier fast auf einer Alp; wie auf der Höhe einer schweren Bodenwelle, und doch etwas versenkt, das langgestreckte, einfache Gebäude einer Sennhütte liegt, so muß wohl das Haus gelegen sein, in das wir eintreten. Das Mittagessen steht bevor, man kocht in der Küche in den träumerischen und klaren Vormittag hinein – es erinnert an ein Dampfschiff, wie es durch eine ganz stille See dahinfährt, nur in der Nähe zischt und sprudelt es, ringsum liegt unbewegt, ungebrochen der unermeßliche, leuchtende Spiegel –; und auf einmal, während in der Küche immerzu gekocht wird, führt mich der Traum in ganz andere Gebiete, dort gibt es ein mächtiges Rauschen und Brausen …; doch all das wird rasch wieder zugedeckt, schon kehren wir in die Berge zurück, und diesmal scheint es fast, für immer.
Da, zu Hause, im Gasthof auf dem Lande, steigt jener blaue Rauch des Vormittags aus dem Kamin und vermischt sich mit dem milden und unsichtbaren Dampf von Wiesen – ganz wie auf den Alpen der Geruch von Sennereien mit dem jener dunkleren Weiden, der immer abendlichen –: Und über alles hin wird auf einmal mit Macht das Bild jener höheren Weiden gezaubert. Immer haben sie etwas vom Abend, auch am Vormittag: – und doch stehen sie da in der herrlichsten Frische, es ist kühl, Diamanten glänzen

in der Natur, Geruch von Rauch steigt dir in die Nase, bläulich aber und warm stehen die Felsen. Die höheren Felsen, von nüchternem, klarem Gelb in der Sonne, ragen in kronenartigen Zacken, in nicht endender Vielheit der Formen gegen den Himmel von klarerem und geisterhafterem Blau; die zackige Bruchlinie verhaltener Flammen, hinter der hervor die Bergdohlen kreisen …

– Durchs Fenster herein nickt das bleierne, trübe Holland-Wetter. Nun gilt es, aufzustehen. Aber die Magie bricht nicht mehr: Blau und kühl liegt vor mir etwas wie das morgendliche Wasser, wenn es doch nicht kalt sein kann, denn der Tag wird heiß werden, herrlich und gewaltig! – Aus all dem heraus bildet sich wie ein Donner eine immer stärkere Stimme; und – durchs Fenster herein nickt das Dasein aus müden, weißlichen, schon so vergänglichen Stunden – sie redet so: »Kennst du jene großen Tage, meine Seele? *Die* – sind ewig und unveränderlich.«

1933

DER SUCHENDE

In gebückter Haltung, hängenden Kopfs, beinahe unaufhörlich ging ein Mann einst durch die Straßen, zögernd, oft auf seine Schritte zurückkommend, immer wieder mit der Schuhspitze ein kleines Ding schiebend oder drehend, ein Stückchen Blech, ein Stäbchen Holz, einen Fetzen Papier; – unsicher, bald nach links, bald nach rechts geht er, nacheinander in mancherlei Richtungen, nicht gezogen von dem starken Magneten eines geeinigten, nennbaren Zieles. Er sucht etwas. Ja, etwas zu finden hat er sich aufs deutlichste in seine Gedanken gesetzt, es brennt in ihm, zehrt an ihm: Jederzeit verloren viele Menschen etwas, fanden viele etwas – warum sollte gerade *er* niemals etwas finden? Verlangte er Ungewöhnliches damit?
Erwartete er etwa einen Gegenstand großen Werts, eine beträchtliche Geldsumme? Nein. (Einen kleinen Seitenblick, einen verborgenen, wirft man nur mehr nach jener Möglichkeit.) Mit seinen wirren, vielen Geistern hat er sich geeinigt, daß es nur, daß es aber doch – doch *ein* Gulden sei. Soviel nur fordert er vom Schicksal; er will nicht maßlos sein. Gerade so viel hatte er nötig. Er ist nicht der Allerärmsten einer, das Harte, Knappe des Daseins, das Gewöhnlichste besaß er; arm ist er aber doch. Ein Gulden gestattete ein Aufatmen. Ein Gulden, das war auf der Erde ein Stück von schönem Silberglanz, in der weitern Wirklichkeit jedoch ein Gruß: ein Gruß von oben, ein Zeichen vom Schicksal, ein Zeichen, daß es gelungen war, die rätselhaften Mächte günstig zu stimmen ... Und nun am

Ende, warum, warum nicht? Er wird es zwingen. Wir werden's zwingen! Vermittelst unaufhörlichen harten Mühens wird er das Schicksal nötigen, ihm seinen Gruß zu bieten, einen Glanz zu offenbaren. – Und wie er demnach fiebrig und unaufhörlich suchte zwischen all den Steinchen, den ungezählten, grauen, welche die Oberfläche der Erde bedecken!

Wenn er dem Meer entlang schritt – dem Meer, das in diesem Lande keinen Horizont hat, keine Lichtlinie in der Ferne, nur eine Kreidezone, einen breiten Wattestreifen dort, wo Wasser und niedriger Himmel zusammenfließen, trüb, bangemachend wie eines ewigen und allgemeinen Todes Verkündigung –, so folgte er der flachen Küste tief hängenden Kopfs mit unaufhörlichem Forschen durch die Zehntausende der Muscheln hindurch. Bald haßte er die Muscheln, weil sie durch ihre wunderliche Formenvielfalt dem Auge besonders häufig falsche Hoffnungen erweckten; und seine Augen arbeiteten nun schon ganz allein, sie waren nicht abzuhalten. Zog es ihn aber, am Morgen, am Tag, am Abend, mächtiger als er, in allen Richtungen über die grauen Plätze und Wege der Stadt hin, so eilte der Blick an Pfützen, Papierschachteln, Randsteinen vorbei, über wassergespültes, schauerlich leeres Pflaster und erdigere Stellen wie auf einer rasenden Flucht ... Er hatte bis jetzt noch nichts gefunden – aber konnte es nicht beim *nächsten* Schritt geschehen? Das Fieber erfaßte ihn immer von neuem. Das Fieber stieg. Verlieren, finden – finden – verlieren ...

Und einmal entdeckte er etwas Sonderbares. Es geschah auf einer Dünenwanderung. Da wurde er sich bewußt, daß seine Augen, den Weg verlassend, mit der gleichen Inbrunst durch die angrenzenden Gebiete von Gebüsch und Riedgras jagten, mit der gleichen Inbrunst, wie vorher einen Gulden, jetzt einen Hasen zu erspähen trachteten –: obgleich doch so ein Tier, das er ganz gewiß nicht hätte fangen, mitnehmen können, keinerlei materiellen, irdischen Gewinn für ihn darstellte. Was hatte er denn nötig? – Dann vergaß er das; etwas, das wie eine Ahnung erwacht war, dämmerte wieder ein; nach wie vor suchte er, seine Blicke wühlten durch den Staub, einen Gulden zu entdecken, daß dieser ihm das Leben erfrische, die Seele ihm erfrische in ihrer heißen Höhle, – und er dachte nicht einmal, daß er auch nichts verlor …

Und er suchte eine lange, lange Zeit noch, vielleicht Jahre – die genügend lange Zeit. Er bemerkte eines Tages die geisterhafte Sicherheit in sich, daß er finden *mußte*; er blickte auf den Boden und war ohne Hast; auf das schon dürre Laub des Waldes, durch das seine Füße stolperten; – das Laub hatte die Farbe des Goldes und wenn ein Stück flammendes Gold auf einmal darunter zum Vorschein gekommen wäre, es hätte ihn nicht verwundert, nicht verwundern können. Ein seltsames, starkes Gefühl erfüllte ihn: das Gefühl, daß er das zu Suchende besitze, daß es schon da sei. – Er besaß etwas.

Um zu finden, sind zwei Dinge nötig: Erstens muß man verlieren; zweitens muß man schon gefunden haben.

Das *äußere* Ereignis ergab sich wenige Tage später. Das äußere Ereignis des Findens – das ist ungenügend klar geredet, man könnte es falsch verstehen. Ich will den Hergang erzählen.

Wenn jemand in diesem Augenblick des Weges gekommen wäre, würde er einen Mann überrascht haben bei einem seltsamen Unterfangen (es war indessen niemand in der Nähe).

Er hätte nämlich einen Mann gesehen mit einem unmerklichen Lächeln – oder sein Gesicht hatte vielleicht einen höhern Ausdruck als alles Lächeln der Welt – einen Gulden hervorziehen, sorgfältig auf die Erde legen …

Dann trat dieser Mann hinter einen Busch, von wo aus man die Stelle ungesehen beobachten konnte; aber als ob er sich plötzlich anders besonnen hätte, kam er sogleich wieder hervor und begann sich zu entfernen; er wandte sich noch einmal zurück zu dem hingelegten Geldstück und sagte deutlich: »*Wer* dich findet – ist ja gar nicht die Frage.« Dann schritt er mit wunderbarer Leichtigkeit davon in die Weite der wieder grün gewordenen Welt.

– Es war sein zweitletzter Gulden gewesen; den konnte er noch entbehren. Er hatte, wie mühsam es auch gewesen war, das gefunden, was er nicht entbehren konnte.

1933

NÄCHTLICHER WEG

– Da sah ich also einen Mann vor mir in der Winternacht, trotzdem ich, wie wohl jeder an meiner Stelle getan hätte, als sicher annahm, daß niemand mehr auf der Straße sein konnte. Ein kleines, vollständig eingeschlafenes Städtchen, eisige Luft. Es war zwei Uhr. Ich beeilte mich, mein Gasthaus zu erreichen, das nicht im Städtchen, sondern in einer gewissen Entfernung von ihm an der Landstraße, an der Donau und in weitgedehnten Feldern lag. Sie wundern sich vielleicht, daß ich zu dieser Zeit und unter diesen Umständen auf solchem Wege mich befinden konnte. Ich täuschte Sie vorhin, als ich sagte, daß das ganze Städtchen tot war; irgendwo gab es noch ein winziges, ein verschwindend kleines Leben; ich kam aus dem Kaffeehaus. Dieses einzige Lokal, das zu so später Stunde noch geöffnet war – nicht nur im Städtchen, sondern in weitem Umkreis der Gegend –, lag einen halben Meter in der Erde, besaß sehr dicke Mauern, tief in ihnen die kleinsten Fensterchen aus doppelten Scheiben: eine Welt für sich war es, abgeschlossen, auf den Platz hinaus drang kaum je ein Laut. Die ganze Kundschaft übrigens, seit mehr als einer Stunde, bestand aus zwei Personen: dem Arzt, der beim ungefähr zwölften Schnaps angekommen war und ohne Ende von der »Exponiertheit seiner Position« redete; und einem stummen, hie und da nickenden Zuhörer, Schreiber des Ortes oder ähnlichem Angestellten. Der Wirt, ein äußerst magerer und ängstlicher Mann, der das Geschäft erst vor kurzer Zeit übernommen hatte, übertraf diesen noch weit

an Aufmerksamkeit im Zuhören; und ähnlich verhielt sich die Kellnerin, die letzte der vier anwesenden Personen. Teils Zeitungen lesend, teils sinnend, manchmal mechanisch dem Gespräch lauschend, hatte ich da drin von Mitternacht an meine Zeit verbracht und war wohl vorwiegend gerade meiner Schläfrigkeit wegen noch nicht nach Hause, noch nicht schlafen gegangen (wie es oft vorkommt – viele Leute ruhen aus Faulheit nicht aus, will ich sagen). Die paar früheren Gäste hatten sich vor ein Uhr zurückgezogen. Alle kannte man, man wußte, wo sie wohnten – der Ort war so klein –, man begleitete sie im Geiste jeden auf seinem Heimweg; wäre jetzt noch jemand eingetreten, er hätte allgemeines Staunen erregt. Ich war der einzige Fremde im Ort – man wußte auch, wo ich wohnte.
Ich hatte mich also endlich, so spät, doch zum Aufstehen entschließen können. Ich hob den schweren Vorhang, der einen kleinen Vorraum abtrennte, öffnete nicht ohne Mühe die massive, durch die Frostwirkung in ihrer Bewegung behinderte Türe, schloß sie wieder, stieg die drei Stufen hinan auf den Platz: und diese paar Meter Weges glichen fast einer Reise. Versunken, verschollen schon war hinter mir der umhegte, warme Raum; Schneegeruch stieg mir in die Nase, der Boden knirschte, die eisige Gewalt heller Winternächte schlug über mir zusammen. Nicht einmal ein gedämpfter Laut drang mehr da hinaus auf den von einigen Laternen spärlich beschienenen Platz; von irgendwoher hörte man einen Brunnen rauschen, der noch nicht ganz eingefroren war; die Häuser standen um mich her mit erloschenen Fenstern, tot, wie unbewohnt, ja als wären sie nie bewohnt gewesen, sondern aus gefrorenen schwarzen Wassern gebildet. An meinen weiten Weg denkend, schlug

ich eine rasche Gangart ein und wandte mich einem der dunkleren Schächte zu, die auf den Platz einmündeten, – meiner kleinen Straße, die aus dem Städtchen hinausführte. Und kaum hatte ich eine Anzahl Schritte zurückgelegt, als ich vor mir diesen Mann hingehen sah, unerklärlicherweise.

Es handelte sich um eine schwarze, lautlose Gestalt, die erst festgewurzelt zu sein schien, was nicht einmal besonders verwunderte, so sehr deckte sich die Gestalt mit der Nacht; dann aber zeigten schwankende, fast unmerkliche Bewegungen an, daß die Gestalt mit äußerster Langsamkeit denselben Weg beging wie ich.

Ich war zuerst einfach erschrocken. Ja, wenn die Person sich eilig fortbewegt hätte! Dann konnte man an einen Sterbefall denken, eine Erkrankung, eine Geburt (der Arzt, den ich eben verlassen hatte, mit der »exponierten Position«, stand freilich nicht zur Verfügung; es gab noch einen im Städtchen); aber der Mann bewegte sich so langsam, daß das Wort »langsam« nicht die richtige Vorstellung gibt –, ich meine, nie in meinem Leben habe ich jemanden so langsam gehen sehn!

Die Gestalt, der ich von Moment zu Moment näher kam, trotzdem ich mich nun aufs äußerste anstrengte, nicht vorzurücken (nur ganz stillzustehen, wagte ich nicht), schien mir nicht nur durch ihr Dasein überhaupt unbegreiflich und ungewöhnlich, sondern noch durch zwei besondere Eigenschaften, die ich schon erwähnt habe, aber mehr hervorheben muß: Erstens fiel mir ihre Lautlosigkeit auf; wohl lag etwas Schnee auf der hartgefrorenen, unebenen Straße, aber nur in ganz dünner Schicht, und vor allem hob die ungemeine Stille das geringste Geräusch deutlich hervor.

Sodann das eigentümliche, pflanzenartige Schwanken – ein Schwanken, wie es die Tiefseepflanzen haben müssen, die dann und wann von einer nicht wahrnehmbaren Strömung berührt werden; ein Schwanken, das man manchmal gewahrte und dann wieder nicht, und durch das sich die Umrisse beinahe verloren. Die Farbe der Gestalt war dunkel – schwarz; sie mußte einen kohlschwarzen Mantel tragen; und von einer solchen Weichheit war sie, so verschwommen – nur mit Samt zu vergleichen, aber verschwommener –, daß sie sich manchmal vor mir auflöste in die allgemeine Nacht.

Dann erschien sie aber wieder, man konnte ihr auf diese Weise nicht entgehen. – Ich trieb näher, in kurzem mußte ich, wie ich mich auch sträubte, den Mann überholen. (Es fand sich keine Möglichkeit, die Stelle zu umgehen. Ich hätte nur wieder zurückgehen können.) Nun gewahrte ich auch, daß er einen Stock trug, der ihm lose vom Arm hing; ganz und gar in sich eingekehrt schien dieser Mensch zu sein, ja ein völlig Versunkener! Er schien auch nicht im mindesten daran zu denken, sich umzusehen (ich konnte ja, im Gegensatz zu ihm, nicht geräuschlos gehen) – oder spürte, wußte er vielleicht, daß *ich* kam? – Jetzt erst erinnerte ich mich mit einemmal an eine Szene des vergangenen Nachmittags: In die Wirtsstube draußen in meinem Gasthaus (das in den Feldern und an der Donau lag) war ein Arbeitsloser getreten, nach einer Schlafgelegenheit fragend, der mir durch sein ziemliches, alles Sentimentale wie alles Trotzige gleichermaßen vermeidendes Benehmen aufgefallen war. Der Wirt hatte ihn weggewiesen; es sei kein Platz da. Im Stall? fragte der Fremde; er sei heute von B. hergereist (er nannte einen fünfzig Kilometer entfernten

Ort). Nein, es sei kein Platz da, er solle im Städtchen fragen. – Er sei sehr müde und er ziehe morgen in der andern Richtung weiter. – So solle er hier bei Bauern am Wege fragen, fünf Minuten weit, die nähmen jeden auf! Es tönte wie ein wenig Güte, etwas Vertrauenerweckendes in diesem Satz. Ich erwartete, der Mann werde weiter bitten. Aber auf einmal fügte er sich, still, demütig, und ging. – Mußte es nicht dieser Mann wieder sein? Daß ich daran nicht früher gedacht hatte! Ein Bettler also. Ich fühlte irgendwelche Erleichterung bei dieser Feststellung; ich beschloß, dem Mann fünfzig Groschen zu geben – soviel konnte ich entbehren, es beraubte mich nicht. Um sehr genau zu sein, muß ich hinzufügen, daß ich im ersten Moment diese Nötigung, etwas zu geben, auch wieder als eine Last empfand: aber wenige Sekunden darauf sprang das um ins Gegenteil, ich wurde mir bewußt, daß es mir angenehm sei, mich der fünfzig Groschen, deren Besitz mir doch nicht viel ausmachen konnte, zu entäußern. – All dies, während ich drei, dann zwei Meter hinter dem Mann mich bewegte. Da ich also entschlossen war, schickte ich mich an, in den Kleidern nach dem Geldstück zu suchen, und ging rascher – nein, das tönt lächerlich: ich hielt mich nur nicht mehr mit Gewalt in der äußersten Bewegungslosigkeit zurück – und stand im Nu neben dem Mann, seiner Anrede gewärtig.
Und abermals überraschte er mich. Er redete mich nämlich nicht an. Er sah mich auch nicht an, gab durch kein Zeichen zu verstehen, daß er *meine* Anrede zu hören bereit sei, verhielt sich vollkommen so, wie wenn ich nicht da, wie wenn niemand neben ihn getreten wäre.
Konnte ich länger auf derselben Höhe der Straße neben

ihm bleiben – wie hätte das wirken müssen? Vielleicht hatte er einen solchen Grad innerer Not erreicht, daß er zu keiner äußern Bewegung mehr fähig war. Ihm das Geld einfach zuzustecken, getraute ich mich dennoch nicht; denn – so ging mir jetzt mit voller Deutlichkeit auf – daß es der Arbeitslose des vergangenen Abends sei, war doch nur meine Mutmaßung gewesen; nichts bewies deren Richtigkeit. Vielleicht schritt neben mir ein Weiser, ein in seine innere Welt ganz Versunkener, aus der Enge seines Hauses entwichen, weil sie ihn an irgendeiner inneren Reise hinderte, und um durch diese Pracht der Landschaft zu fahren, diese Stille der Landschaft, die ihn im Einklang umgab, – und Schamröte überkam mich bei dem Gedanken, daß ich so einen Mann stören würde durch meine ausgestreckte Hand, die fünfzig Groschen enthielt. – Einige Momente vergingen noch. Dann hatte ich meinen Entschluß gefaßt und sagte vernehmlich, deutlich: Guten Abend.

Sogleich, mit einer vollkommenen Leichtigkeit, antwortete er »guten Abend« – genau dieselben Worte – mit einer weder tiefen noch lauten, überaus angenehmen Stimme, so, als ob er ganz vorbereitet gewesen wäre, mich die ganze Zeit beobachtet hätte, ein übermäßig Wacher, gar nicht ein Versunkener! – Ich nannte die Stimme weder tief noch laut: Ja, aber *wie* diese Stimme war, das ist dadurch nicht im entferntesten angedeutet …

Im Augenblick vermochte ich keine weitern Schlüsse zu ziehen, spürte nur, daß der Mann von sich aus nichts mehr sagen würde: unzweideutig hatte er das kundgetan durch den Ton seines Grußes. Aber ich? Ich konnte nicht neben ihm bleiben; mehr wußte ich jetzt nicht. Und also nahm ich meine normale Gangart wieder an – jeder Meter brachte mich um fast ebensoviel vom Manne weg. Ich schaute mich natürlich nicht um, ich hörte nicht, ob er mir folgte. Bald machte die Straße, eng zwischen Häusern, einen starken Bogen, und eine Weile später wandte ich verstohlen den Kopf: Ich sah ihn nicht. Während dieser ganzen Zeit aber dachte ich unaufhörlich an die Stimme, hörte sie immerfort in all den *Schichten* – wenn ich so sagen darf –, die in ihr übereinander lagen, hörte sie lauter und leiser, je nach dem Verlauf, den das Drama nahm, aus dem sie gebaut war. – Ja, sehen Sie, es ist nötig, daß ich Ihnen das genau erzähle; denn wenn Sie die Stimme sich nicht vorstellen können, werden Sie von allem gar nichts verstehen. Erstens mache ich darauf aufmerksam, daß man in Österreich niemals diese Worte verwendet, am wenigsten zu solcher Stunde: jedermann hätte »gute Nacht« gesagt. Wenn ich nicht annehmen will, daß der Mann ein Ausländer war, müssen seine Worte als bewußte Kopie meiner Anrede aufgefaßt werden; er wollte keinen Gruß von sich aus formulieren, er wollte nur den meinigen wiederholen. Wie aber soll ich Ihnen von dieser Stimme einen Begriff geben? Dieser unsäglich dünnen, so überaus irdischen und doch wie jenseitigen Stimme? Es war nicht die Stimme nur der Menschen, die aus höchster Traurigkeit reden; es war das gewesen und stieg über das hinaus. Auf die Traurigkeit folgt der Grimm, gegen einen erst, dann der ohnmächtige Grimm gegen alle; die Resignation ersteht aus dem Grimm, das bittere Starrwerden: die Stimme stieg über alles hinaus; sie war, alles Vorige in sich haltend – ahnen lassend –, da angelangt, wo, den Schatten des Todes benachbart, anders als sie, hinaus auch über allen Schmerz, die *Unbeweglichkeit* beginnt; ein immerwährendes »ich weiß« und »was könntet ihr denn *mir*?« In den Augen eines sterbenden Pferdes hatte ich schon einmal diesen Ausdruck gesehn, das im Dienste zusammengebrochen auf dem Pflaster lag, von niemand vieler Mühe wert gehalten; bei diesem Pferd allein – und in den Augen einer jungen Hure noch einmal, die, in einem sehr vorgerückten Stadium der Schwangerschaft, in Lumpen nachts in Paris an einer Bar stand, ganz in der Ecke zusammengedrückt, von niemandem mehr beachtet, nichts mehr sagend, nichts verlangend. Es war ein Bauernmädchen, aber von weicher Natur; nicht eigentlich schön; von jenem südlichen Typus, der mit sehr dunklen Haaren eine ganz matte Hautfarbe vereint, vor allem etwas Schmelzendes und eine große Nacktheit des Gesichtes aufweist, das, verschämt und einfältig, und meistens erdwärts gerichtet, eine ungemeine sinnliche Süßigkeit ausströmt. Sie mochte als Dienstmädchen in die Stadt entführt worden sein; sie tat, wozu »die Großen« sie führten – sie hatte immer die Großen um sich gesehen –: und auf einmal entlud sich das All gegen sie in elektrischem Schlag. Nun waren die Lippen in dem zerfallenen und entstellten Gesicht weich geworden und zitternd. Sie wagte nicht, vom Boden aufzusehen – sie gab nicht das geringste Anzeichen vom Charakter einer Hure. Aber als ich einmal ihren Blick sozusagen von unten her auffing, erschrak ich, weil ich die Augen jenes sterbenden Pferdes wieder erkannte. Und in dieser unsäglichen dünnen Stimme nun gewahrte ich dieses … *Schauen* zum drittenmal. In dieser Stimme lag das alles, was nicht mehr sprechen kann. Das leise Flimmern des Jenseits, die letzte Melodie …

Hier unterbrach der Zweite die Erzählung: Sie waren also überzeugt, daß der Mann nicht ein – nun, sagen wir eine

Art Philosoph, sondern einfach ein Mittelloser war, und haben ihm die fünfzig Groschen dennoch nicht gegeben?
– So ist es. Die Lage hatte vom Augenblick unseres Gespräches an – des Gespräches, in dem jeder nur zwei Worte sagte, dieselben zwei Worte – eine Schwere bekommen, die es mir ganz unmöglich machte, in der vorher gefundenen Haltung (und so schnell war keine neue zu erlangen) die Hand auszustrecken und fünfzig Groschen zu überreichen. Ich hätte eine Scham empfunden – wieder eine Scham, aber eine auf anderer Grundlage –, selbst wenn ein ganzer Schilling in der Hand gewesen wäre. Ein erschreckendes Überraschtsein bei seiner Antwort, beim Ton seiner Antwort, lähmte mich; in diesem Zustand konnte ich vorerst nur weitergehen, wie Sie wissen. Ich schaute mich eine Strecke nach der Biegung der Gasse um, der Mann kam natürlich noch nicht hervor. Ich ging noch etwas weiter, ein paar Schritte über die letzten Häuser hinaus, und trat endlich an ein Mäuerchen, das die Straße gegen ein tieferliegendes Gelände abgrenzte. Die Donau war hier nahe herangetreten, das tieferliegende Gelände ein Uferplatz. Der Platz, der zu einer Sägerei gehören mochte und für große Holzhaufen als Bewahrungsort diente, lag etwa zwei Meter unter mir – ich schaute und stand, fünf Minuten, länger, weiß ich es, vielleicht eine Viertelstunde lang – –
– Entschuldigen Sie: Die große Kälte – war sie eingebildet gewesen?
– Das Thermometer, jedes wirkliche Thermometer, mochte sieben, acht oder auch zehn Grad Celsius unter Null zeigen; meine Füße drohten endlich zu erfrieren. Ein ziemlich voller Mond stand etwa ein Drittel des Himmels hoch, schien auf das mit Bretterlagern besetzte Gelände, und im

Hintergrunde floß die Donau. Ich kann Ihnen nicht sagen, was ich dachte, während ich an diesem Mäuerchen stand; ich erinnere mich nur aufs genaueste, was ich *sah*: Die senkrecht gestapelten Bretterlager, teilweise mit Schnee überdeckt, von verschiedener Höhe, glichen Häusern, die keine Fenster und lauter rechte Winkel hätten, und mit ihren vielen schmalen, tiefen Gassen, ihren zahllosen Ecken, ihren Schlagschatten, hellern, hellsten und ganz schwarzen Stellen bildeten sie regelmäßige und unüberblickbare, phantastische und doch mit einziger Stille übergossene Labyrinthe. Die Menge der hochragenden, blanken, scharfumrissenen Würfel und Quadern, die, fast auch an ein Feld mit marmornen Grabblöcken erinnernd, nur weicher und schattiger, auch dichtgedrängter, da unten lagen, durchkreuzten überall, zahllos, groß und klein, schmal und breit die Gassen. – Durch die Gassen liefen unaufhörlich meine Blicke, gelangten immer wieder zur Donau, die dicht und nah, ja dichter und näher, als man vermutet hätte, hinter all dem Getürmten floß. Und – waren Nebel in der Luft? täuschte das Mondlicht? – trotz der Helle der Nacht waren ihre Wasser doch nur in der Ufernähe deutlich zu erkennen, weit vor der Mitte des Stroms verloren sie sich in milchige Verschwommenheit und in Nacht. Da aber, am Ufer, in nächtlichem Grünlichhell floß es da vorüber, eisig, das kalte Grauen war da, grauenhaft schoß und zog es vorbei, das Endlose, ein langsames, grünliches, eisiges Tier ... Und meine Blicke retteten sich wieder zurück in die Gassen. – Dann ließ ich auf einmal mit den Augen das Labyrinth unten und ging weiter.
Ich verlor die Donau, doch als ich wieder am Bogen der Straße anlangte –

Der Zweite unterbrach ihn heftig: Halt! rief er, Sie gingen weiter, sagten Sie: In welcher *Richtung* gingen Sie denn?
– In welcher Richtung ...? Ach so, habe ich das nicht gesagt. Natürlich. – Ja, ich ging zurück. Ich ging jetzt den Mann suchen. – Die Sachen denken – – alle denken – – wir müssen *tun*! Das ist es, was ich im Anblick der Brettergassen gedacht – gesonnen – hatte! Das ist es. Ich kehrte um. Ich dachte, daß sonst die Welt ewig nie weitergehen wird. Es ist alle Male dasselbe. – Ich *mußte* zurückgehen. Ich tat es vielleicht gar nicht gerne – ich fand aber, daß dies ganz belanglos war. Es handelte sich um den Ausgang. Ob man sich gerne bewegt oder nicht, um aus dem Gefängnis zu kommen, ist ganz gleich. Es ging jetzt weiter mit mir. Der Strom der frischen Luft von da, wo es weitergeht, umfing mich schon –.
Ich gelangte bis zum Platz und sah den Mann nicht. Hatte ihn ein schmales Gäßchen zur Donau hinuntergeleitet? Oder war er in einen verlotterten Garten eingedrungen, hatte sich verkrochen unter einem Dachvorsprung, in irgendeiner Nische bei ein paar Bohnenstangen, Brettern, einem rostigen Blech (einem widerspenstigen Ding, das jedesmal laut knarrt, wenn man, auch noch so sachte, darauf tritt) und kämpfte da drin – schrecklich muß es sein auf die Dauer – gegen den Schlaf? Ja, sehen wir nicht manchmal Männer gegen den Schlaf kämpfen an solchen Stellen? Hier aber, auf dem Platz, glotzten mich die Häuser wieder mit leeren Fenstern an, als seien sie unbewohnt, nie bewohnt gewesen, sondern aus gefrorenen schwarzen Wassern gebildet.
Wenn nun einer der zwei restlichen Kunden eben aus dem Café trat und mich noch hier in der Kälte stehend fand?

Ich mußte ihm die Sache, wenigstens etwas von der Sache, erklären. »Mein Lieber!« würde er dann vielleicht ausrufen, »das ist doch der Nachtwächter.« Ich biß ein wenig auf die Lippen.
Auch begann ich nun wieder an den kommenden Tag, meine Arbeit, mein Leben – ich meine mein sich durch die einzelnen Tage hinziehendes Leben – zu denken. Dieses Leben war schwierig, mein Arbeiten war schwierig; ich mußte alle Mittel, materielle und andere, zusammenhalten – dann ging es vielleicht; wenn ich aber das Kleinste an Mitteln verlor, dann ging es sicher nicht. Was das Finanzielle betrifft, so bin ich nicht reich, Sie wissen es; nicht reich ist noch zu wenig gesagt – kurz, ich konnte durch die geringsten Verluste, zum Beispiel auch nur dadurch, daß es an diesem Abend wieder so spät wurde, im Weiterführen meiner schwierigen Arbeit schwer bedroht werden. Im einzelnen das auszumalen, würde hier zu weit führen, und es ist ja auch nicht nötig.
– Nein, sicher nicht nötig, warf der Zweite ein. Ich glaube Ihnen.
– Aber wenn ich dem Menschen auch zwei Schillinge gegeben hätte (übrigens, wo war er jetzt?), bestand noch die Frage, wie weit ihm das diese Nacht noch zugute kam. In einer Stadt hätte er sich damit, wenn er ortskundig war, noch irgendwo Einlaß verschaffen können, aber hier? In mein Gasthaus ihn mitnehmen, das durfte ich in keinem Falle wagen. Der Wirt hatte sich am Nachmittag streng geweigert – er mußte seine Gründe haben; er verhielt sich im allgemeinen den vielen Arbeitslosen gegenüber, die immer des Weges kamen, nicht abweisend, schenkte ihnen mancherlei; – jedenfalls, ich konnte nicht gegen den Wirt

gehen, ich durfte mir auch das meiner ganzen Lage wegen nicht erlauben (zum Beispiel war ich dem Wirt auch Geld schuldig). Und überdies unvermittelt einen Mann, von dessen Natur ich ja doch nichts Sicheres wußte, in mein Zimmer aufnehmen?

Wenn ich den Mann wenigstens nochmals traf, würde ich ihn sicher anreden, um den Fall aufzuklären. – Da, weit entfernt in der geraden Gasse, die in der meinem Heimweg entgegengesetzten Richtung verlief, gewahrte ich etwas im Schein einer Laterne, etwas Dunkles, das sich wohl auch bewegte und ein Mensch sein mußte. Da ging er noch. (In welcher Richtung, vermochte ich noch nicht wahrzunehmen.) Aber jede Lust, mich so weit nach jener Seite zu entfernen, fehlte mir, besonders, weil mir wieder einfiel, daß ich nie mit Sicherheit gewußt hatte, ob in diesem Städtchen nicht vielleicht noch ein Nachtwächter existiere.

Und ich trat in das Café hinein. Man schaute verblüfft auf. »Ich möchte eine Zigarre haben.« Da verstand man es. – Warum ich hier nicht eine Frage stellte? Vielleicht hätte ich doch etwas erfahren. Ich brachte es nicht über mich. Die Leute, die Luft da drin, waren so sehr, ach, so unermeßlich anders! Der nun beinahe ganz eingeschlafene Kanzleibeamte hatte die Augen geschlossen, er fuhr sich nur hie und da mit der Hand an die Nase. Warum saß er überhaupt noch hier? Gleichviel! mußte er etwa am Tage wach sein? Den Arzt aber, der immer noch allein redete, hörte ich eben sagen:

»... daß das alles geschah, die motorische Kraft: wer ist es? Ich. Und der Lohn? Undank. Ja, Herr Specht, Undank ist der Welt Lohn! (Der Wirt seufzte. Die Aufmerksamkeit verlieh seinem langen, dünnen Gesicht einen fast schreckhaften Ausdruck.) Haha, da denken die Leute immer, daß ich Arzt sei! Was allein die Präsidentschaft des Deutschen Turnvereins, von den andern Vereinen will ich gar nicht reden, für Sorgen auf meine Schultern lädt! Ja, Herr Specht, diese meine Schultern (er stach mit seinem rechten Zeigefinger mehrmals rasch nacheinander nach seiner rechten Schulter) tragen die meisten Sorgen unserer Stadt. Aber bald will ich alle Sorgen ablegen, denn erntet man einen Lohn? Sehen Sie, da kommen doch jetzt im Frühjahr dann diese Sänger – Sie wissen, das Sängerfest? Aber Sie wissen vielleicht nicht, daß ich es gewesen bin, der die Interessen unserer Stadt Zirbel – urbis nostrae würde der Lateiner sagen – vertreten hat und der es durchsetzte, daß Zirbel die Ehre hat. Denn man hat das Fest erst nicht anderswohin als nach Hefewil verlegen wollen. Nun, ungefähr dreißig Sänger – dreißig Fremde, die zwei Tage lang hier leben, hier ihr Bier verbrauchen: Gibt das Verdienst?«

Der Wirt nickte tief, so tief, daß es schien, er wolle mit der Stirn die Tischplatte berühren. Die Kellnerin öffnete ein wenig den Mund, sagte jedoch nichts. Daß es unter diesen Umständen lange dauerte, bis ich meine Zigarre erhielt (denn wer wollte den Herrn Doktor stören, ehe er eine Pause machte?), konnte mir nur recht sein. Aber gleichwohl war, als ich wieder draußen stand, keine die Lösung erleichternde Änderung eingetreten: So weit ich zu sehen vermochte, gewahrte man nichts mehr von einer menschlichen Gestalt.

Mit einer Art Wut wandte ich mich, nach Hause zu gehen.

... Wie könnte ich Ihnen eine Vorstellung von der Pracht der Landschaft geben, durch die ich auf diesem Heimwege gewandelt bin! Ich sah in reicheren Gegenden manche Mondnacht – keine wird mir in Erinnerung bleiben wie die. Oder lag das vielleicht an der Disposition meiner Augen? Als ich zum Städtchen hinaus und am Uferplatz vorbei war, entfernte sich die Straße wieder vom Strom und führte in die unendlich scheinenden, etwas gewellten, fahlen Felder hinein, die sich, riesigen Leichen vergleichbar – war es sehr nahe? war es in äußerster Ferne? – im Halbdunkel verloren. Überschritten wir nun, die Straße und ich, einen Bach, so hatte sich auf einmal im Wasser mit dem Mondlicht ein so ungeheures Glänzen entsponnen, ein so fürchterliches Lodern, aus Silber und Zinn – – ja, es gab ein Funkeln, daß es fast entsetzlich war. Aber nur kurz; nach einem Schritt und noch einem hob sich ein Teil des Glanzes gleichsam in die Höhe, und unten blieb es beruhigt, weißlich, müde, nur wie von innen glimmend ... Ragte wieder ein Baum hoch über den Weg, wandelte der Mond flüssig und schnell, wie mildes schmelzendes Feuer, flakkernd und eilig, doch seines Weges sicher durch seine entblätterten Äste. Es folgten stillere Wunder, Unnennbares: eine leise Einsenkung, wo verblichene Wiesen freilagen, mit ein paar Bäumen bei ihnen, zwei Tannen ... Und war das alles wunderbar? achtete man seiner sonst, und gar am Tage, nur je? Ein Haus, das nach der Einsenkung erschien, war eine Hütte des jenseitigsten Paradieses ...

Aber oben, auf einer leichten, von der Straße unmerklich erklommenen Höhe! Da gewahrte man auf einmal, aber nicht im ersten Moment: von einem solchen Mond überschimmert, schwarz, ahnungsvoll in schwarzen Nebeln, daß man sie erst nicht sah; und dann sah man sie und sah nichts anderes mehr – die Donau in ihrer gewaltigen Breite. Und das war ein Land von andern Ufern, von über der Welt her, durch nichts von hier berührt, wie die ewige Herrlichkeit des Geistes ...

Die steinerne Kälte bedrohte einen nicht, wenn man, wie ich, rasch ging; die Nasenflügel zogen sich etwas zusammen, der hochgeschlagene Kragen schützte die Ohren, unberührt im weitern vollzog ich meinen Lauf, einem Renner gleich, der mit donnernden Hufen die Erde schlägt – ihn faßt keine Kälte. Ich hatte noch Kraft, ich würde nach Hause kommen, nichts Schweres bestand. Nicht wie einst in der Großstadt, da ich die Nacht im Freien verbrachte ...

Damals war es indessen nicht kalt gewesen wie heute. Und doch so kalt, daß ich mich immer bewegen mußte, also schritt ich gaßauf, gaßab. Die Müdigkeit kam – sie kam zu früh. Am Tag würde ich bei einem Bekannten auf einem Diwan etwas schlafen. Es war rasch drei Uhr, nun aber wurden die Stunden, bis es tagte, ewige Stunden. Ja, *ewige* – sie waren Qual. Die Bänke, die mich fünf Minuten, zehn Minuten trugen, brachten keine Erlösung: Die Hitze der Ermüdung im Kopfe, während den Körper die Kälte durchdrang, kämpfte ich gegen den Schlaf. Wenn ich gesiegt hatte, folgte kein Lohn dem Sieg: Taumelnder als je mußte ich das lange Irren wieder beginnen, qualvoll ging es wieder gaßauf, gaßab – qualvoller. Trüber Qualm füllte den Kopf. Alle Lust, alle Freude des Lebens erstarben. Die steinernen Häuser um mich wuchsen ins Riesenhohe. Die Leute in ihnen wollten nicht, sie *wollten* nicht erwachen! – Damals war es Oktober gewesen und vielleicht ein, zwei Grad kalt.

Sie werden sich nochmals verwundern müssen: Ich kehrte

wieder um. – Sie haben gut sagen: »die andern«. Es *gibt* keine *andern*! – Als ich das sah, erhob sich ein ungeheures Klingen rings in der Runde der Ländereien. Ich wanderte; bald lagen die nächtlichen Gefilde wieder still und allein. – Doch war es sonnenklar, daß kein Nachtwächter existierte! Sonst müßte ich ihn in den paar Wochen, die ich hier wohnte, längst angetroffen haben! – Als ich wieder gegen die ersten Häuser kam, sah ich, daß alles wie vorher sein würde – nur daß es viel später geworden war. Noch eine Minute stand ich am Mäuerchen und schaute hinunter auf das schweigende Leben der regelmäßigen Formen in der Stille; dann wanderte ich ganz nach Hause, ein müder Mann. – Und am Ende war ich weit gegangen; und bei der geringsten Ermöglichung seinerseits hätte ich doch (wenn nicht gar eine Dummheit begangen) die zwei Schillinge augenblicklich überreicht, sagte ich mir.

– Wenn jeder so weit zu den andern ginge ..., bemerkte der Zweite.

– Ein müder Mann, das war ich auf diesem letzten Heimweg. Ich sah nicht mehr weit; halb träumerisch schon, mehr gezogen als vorwärtsstoßend, sann ich fast nur noch um die mächtige Masse meines Gasthauses – es war ein großes Gehöft mit Scheune und Anbau –, die bald einmal nahe vor mir stehen würde. Ich wußte, daß ich ihr diesmal mit Sicherheit entgegenfuhr – denn ich fuhr (so versunken war ich), fuhr wie ein Schiff, ich sah nicht mehr weit, doch die kleinsten Dinge an der Straße, ein Steinhaufen, ein Baum, ein Meilenstein, bildeten Ereignisse wie Inseln, Städte, farbige Küsten an des Schiffes Weg. Noch einmal war mir, als ob ich jene dünnen, milden zwei Worte hörte, die unsägliche Stimme: sie mußte von sehr weit herkommen, so nahe tönte sie mir, und in der Nähe war niemand. Also wanderte – fuhr ich dahin; den Kopf hatte ich gesenkt und ich träumte beinahe und wartete, bis es dunkel und hoch vor mir ragen würde, eisig im Mondlicht, plastisch, verschwommen.

Und ich kam an.

– So hat die Sache doch noch ungefähr gut geendet, sagte der Zweite. Aber wie spät war es nun?

Da nahm das Gesicht des Ersten für einen Augenblick einen beinahe höhnischen Ausdruck an, bevor er antwortete: Sie meinen also, daß die Sache gut geendet hat? Und es war drei Uhr, vier Uhr, oder ... weiß ich es!

– Ja, da liegt eben der Unterschied zwischen uns! fiel der Zweite ein. Ich, sehen Sie, ich weiß eben in der Regel die Zeit. Obgleich es mir ja nicht unbekannt geblieben ist, daß Zeit und Raum keine Wirklichkeit an sich haben, sondern nur Arten unseres Vorstellens, nur Schleier sind, die wir mit uns tragen, halte ich dennoch an meiner Zeit, wie ich auch an einem Orte mich befinde, nicht überall. Ich will damit eigentlich etwas anderes sagen, dieses: Ich werfe Ihrer Einstellung – die mir keineswegs etwa unbegreiflich ist – vor, sie sei *feindlich dem Leben.* Das wirkliche Leben ereignet sich nur durch unsern Beruf. Ich meine natürlich Beruf nicht als üble Einspannung des Geldes wegen, sondern im vollsten Sinne: nämlich als Geleise der Berufung (Geleise dennoch). Nun sind Sie aber doch nicht Samariter? Ich würde mich nicht geweigert haben, dem Mann in der von Ihnen gezeichneten Lage einen Schilling zu geben; aber mich ruinieren? – Doch dem Ende Ihrer Erzählung kann man vielleicht entnehmen, daß Sie dennoch die richtige Auffassung erreicht haben. Gleichwohl höre ich aus Ihrer Erzählung immer noch deutlich verschiedene Stimmen und bin nicht ganz sicher, welche schließlich dominiert.

– Ihre Ahnung täuscht Sie nicht. Meine Erzählung ist überhaupt noch nicht zu Ende, bei weitem nicht. Denn solange die Frage blieb, konnte die Sache für mich nicht erledigt sein. Auch durch den Umstand nicht, daß am nächsten Tag ein Mann erfroren gefunden wurde (außerhalb des Städtchens, aber in der der meinigen entgegengesetzten Richtung): der Umstand würde mich nicht bei der Sache zu bleiben nötigen. Jederzeit sterben Menschen an Unglücksfällen (Böse und Gute, ja sogar Wertvolle – das heißt nicht aus Gewohnheit, nicht von Natur, sondern aus Wissen Gute –) und daß es uns an Phantasie fehlt, all diese Zugrundegehenden – heute können es in andern Ländern an einem Tag Tausende sein – uns vorzustellen, hebt die Tatsache nicht auf. Diesen einen Mann kannte ich ja gar nicht. Die Frage ist, was dabei von mir abhing, nein, abhängt; wie ich mich hätte verhalten sollen, wie ich mich verhalten soll. Das *fait divers* wurde mir ja erst am folgenden Tag bekannt; bei ihm will ich nicht verweilen; meine Erzählung endet in der Nacht.

Der Mann, der Unbekannte, starb zwar in dieser Nacht; aber wenn er nicht gestorben wäre, so änderte das an der Frage nichts; es genügte schon, daß er zugrunde gehen *konnte.*

Es war also vier Uhr. Oder sagen wir fünf Uhr, das ist vielleicht genauer. Das elektrische Licht in meinem Zimmer schien mir heute besonders hell, das Feuer im Ofen war ausgegangen, die Wärme geblieben, das schmale, weiße Zimmer mit seiner Sauberkeit, seinen dicken Mauern, seiner niedrigen Decke – fast zu ihr reichte das gewaltige Federbett – hatte viel Traulichkeit, Freundlichkeit, und ganz vorn an der Schmalseite ging ein Fenster auf die Donau. Noch einen Blick warf ich auf sie, einen einzigen. Welche Vision des Stromes, der, breit wie ein See, ganz nahe am Hause floß! Ich schlief bald ein – besser wäre ich wach geblieben.

Denn kaum war ich weg, da stand ich schon wieder am Mäuerchen und schaute auf den Lagerplatz am Ufer, das Labyrinth der Brettergassen hinunter. Sein Anblick unterschied sich von dem der Wirklichkeit kaum; es hatte vielleicht nur noch etwas mehr das Aussehen einer seltsam schweigenden Stadt – glatter, mächtiger, plastischer waren die Würfel und Quadern, die Rinnen zwischen den Brettern verschwindender; das Ganze weitgedehnter, unabsehbarer; dunkler das Ganze, aber die Einzelheiten deutlicher –, das Aussehen einer Stadt, einer – Totenstadt. Die Toten brauchen keine Türen, keine Fenster. Ich stand da und schaute. Ich war keineswegs etwa plötzlich hinversetzt worden, ich mußte schon lange hier gestanden haben. Aber jetzt erst, auf einmal, gewahrte ich es: da unten ging einer, ein Mann ging da unten umher! Lautlos, unauffällig. Er schien ganz zum Ort zu gehören; er bewegte sich langsam, mit Bedacht; jedoch aufgerichteter, natürlicher und stolzer als der, an den man am ehesten denken konnte. Vielleicht ein Aufseher – er hatte allerlei zu visitieren. Oder ein Nachtwächter dieser schweigenden Stadt. Sehr ernst, unaufhörlich – wenn auch nicht sehr geschäftig, gar nicht eilig – bewegte er sich durch die eine Gasse und die andere; er hatte zu tun. Er würde nie reden. Manchmal entfernte er sich. Er kam immer wieder, wenn er fast bis zu den Wassern gegangen war; nie aber kam er zu nahe.

Ich erwachte und spürte Durst. »Ich bin ja zu Hause«, sagte ich. Das Licht brannte noch. Meine zu große Müdigkeit hinderte mich, es zu löschen. Das Licht brennt noch, man sieht alles deutlich im Zimmer, dachte ich noch eine längere Zeit. Dann trat er, die Türe aufreißend mit einem einzigen Ruck, zu meinem Schrecken ein. Frech und familiär grinste er mir mit breitem, von rotem Bart umgebenem Gesicht, ja aus dem unverschämtesten, rohesten, vulgärsten Gesicht der Welt heraus entgegen – nicht nur kein Geheimnis, nein, nicht die Spur irgendeiner Feinheit wohnte in diesem Gesicht, und nur die Plumpheit, die anspruchslose Derbheit nahmen der Brutalität etwas von ihrer Alleinherrschaft! Und wie er nun schon die Hand hob – nicht etwa, um die meinige zu suchen, sondern mir in Begleitung seines trivial familiären Grinsens auf die Schulter zu klopfen, wenn nicht meinen Arm zu packen – und wie er in seiner gelben Fuhrmannsjacke und der Hose von rohem Blau mit vierschrötigen Bewegungen auf mich zukam, ungeschlacht im Raume, wie ein Henker, wie ein kurzarmiger Metzger –, und wie ich die lederartigen Ringe seines grinsenden Gesichtes und die roten Borsten seiner Augenbrauen immer näher sah und machtlos, fast erstarrt vor ihm stand ..., machte er auf einmal eine unerwartete ganz andere Geste, eine gewaltige, nur eine einzige: Er riß sich den Bart herunter, und sogleich verwandelte sich vollständig sein Gesicht. Es wurde fliehend, grau, schattenhaft, scheu. Er habe große Summen entwendet und befinde sich auf der Flucht, versicherte er mir; er sei aus allem herausgeworfen und die Summen seien auch verloren; er habe Familie und sei arbeitslos gewesen – und was hinge überhaupt an allem zusammen, was sei der Sinn! – Abermals trat Wechsel ein: Vor mir stand jetzt ein auffallend langschädliger Mann – sein Kopf schien geradezu seitlich zusammengedrückt, so weit verlängerte sich der Scheitel – mit schmutzigbraunen, fast glanzlosen Augen, der mir mit listigem Lächeln verriet, einem Lächeln, das wohlversorgt war in einem trotz der Schmalheit fetten Gesicht, er habe seiner Frau den Garaus gemacht – wohl ein Wahnsinniger. – Dann war einer da mit körnigem, fest geformtem Gesicht und bösen Augen, ein Weichenwärter aus Ungarn, der einen großen Zug absichtlich hatte entgleisen lassen, und er hielt sich lange auf bei dem Erklären, wie er's gemacht habe, um im vorauseilenden Zug zu entfliehen – das sei nämlich die sicherste Art, der Verfolgung zu entgehen, und überhaupt der einzige Weg, der derartige Vergnügungen erlaube; als die Entgleisung geschah, war er mit dem Zug, der vorher dieselbe Stelle passiert hatte, schon weit von ihr entfernt; er hörte nicht auf, mit großer Logik darzulegen, wie man's mache, entwickelte eine Methode von vorbildlicher Klarheit und Sicherheit – heute weiß ich sie doch wieder nicht mehr. – Es folgte ein sehr armer Mann, er hatte etwas Holzartiges im Gesicht. Er war gebeugt von langer Reise und von der langen, armutsvollen Reise eines Lebens. Die Armut stand im Gesicht, in der Haltung, in der Hagerkeit, in allem an ihm geschrieben. Er kam aus der Großstadt; zu Fuß machte er zu dieser Jahreszeit – Mitte Winter – den Weg zu seiner in großer Entfernung lebenden Mutter; man hatte ihm abgeraten von der Reise. – Ich sah die alte Frau an ihrem Fenster, dann auch an ihrer Schwelle sitzen, wo sie die ganzen langen Jahre gesessen hatte. »Er wird kommen«, sagte sie, »an einem Abend erscheint er.« Er ist arm, dachte sie, wir alle sind arm gewesen; aber das Nötigste hat man denn immer noch, besonders, wenn man eine solche Reise tun will; er wird mich nicht verlassen. Der Mann aber hatte das Nötigste seit langem nicht mehr. Und sie wartete, sie schaute in den Abend hinaus, die Jahre gingen. Sie hatte sich in den Kopf gesetzt, nur am Abend könne er kommen, am ehesten in der Dämmerung. Die Sinne wurden ihr schwächer, das Ohr täuschte sie, sie verwechselte das Knarren eines Wagens mit dem Geräusch der Schritte des Erwarteten; der Blumenstock neben ihr nahm magischere Formen an; sie erblindete mehr und mehr, es war immer Abend.

... In meinen Träumen muß da ein Intervall, von dem ich mir nicht Rechenschaft gebe, eingetreten sein; vorher hatte ich gesehen, jetzt *redete* man nur immer mit mir. Der andere saß nahe bei mir; ich sah ihn nicht; allein seine Augen gewahrte ich von Zeit zu Zeit, sie waren unerhört leise, lichtbraun, groß und verdämmernd. Er sprach von seinem Kind, das er einer Seerose verglich. Nicht seine Mutter sei es, diese war schon uralt, ist schon lange tot, braucht ihn nicht. Das Kind aber braucht ihn, ist in Gefahr, wird sterben. Ohne Mittel kam er über alle Berge her – ohne Geld, ohne Ort, ohne Freunde, ein Flüchtling, hilfelos –, steht, ein siebenmal Zerbrochener, wieder auf: Für sich allein hätte er das nicht tun können; doch trieb ihn das Leben durch das Dortige, das Glänzende, das einzige, was für ihn hohen Wert hatte, und trieb ihn *furchtbar*:

Alles ließ er mit einer so unheimlichen Macht vor mir erstehen, daß es sich unmerklich, perfid und unwiderstehlich meines innersten Bewußtseins bemächtigte, mehr und mehr sich identifizierte mit Grundtatsachen meines eigenen Lebens! – Mein Leben ist vorwiegend einsam gewesen; doch hat in ihm auch eine Bindung bestanden, die an Stärke weit über das Gewöhnliche hinausreicht; es ist für die Art dieser mächtigen Bindung ganz gleichgültig, ob das zarte Wesen meine Geliebte oder mein Kind, meine Schwester oder in irgendeiner sonstigen Weise meine Gefährtin gewesen ist. »Einer Seerose gleich«, sagte jener. Wenn ich manchmal an den möglichen Tod dieses Mädchens zu denken begonnen hatte, das von den Gewalten des Lebens in ungewöhnlichem Maß bedroht war, war mir die Vorstellung so furchtbar erschienen wie nichts anderes – so, als ob dann alles, die Welt nicht weiter bestehen könnte –, wie wenn ich selber sterben müßte. Alles das weckte nun jener wieder. Nein, »wecken« sagt nicht genug; auf eine unheimliche Art wußte er, der dasaß und den ich nicht sah, von dem ich nur bisweilen die unsäglich leisen, verdämmernden großen Augen schaute, seine eigenen Zustände mit den meinigen zu identifizieren: Die Ängste, die Befürchtungen, die Nöte der Verantwortung von damals erlebte ich jetzt wieder, in den schwierigsten Situationen der vergangenen Jahre stand ich von neuem, der Traum wiederholte sie, variierte sie …; und jetzt erfror einer, konnte nicht mehr Hilfe bringen, und an ihm hing doch alles –: aus der Schmiedeglut dessen, was ich jetzt ausstand, blickte ich auf das in den vergangenen Stunden Erlebte hinunter wie auf einen Spieltisch der Kinder, wie auf ein fernes Schneetreiben …

Und ich konnte nicht, noch immer konnte ich nicht erwachen! Es folgte der schrecklichste aller Träume. Mit ihm will ich die Erzählung schließen; denn ich weiß nicht, was ich noch beifügen sollte. Mein Bewußtsein öffnete sich langsam der Tatsache, daß ein ungeheures Gebrüll, ein Gebrüll, das Himmel und Erde erschütterte, lange Zeit schon in meinem Ohr dröhnte. Das betäubende Dröhnen war aber nicht einförmig, es setzte sich fort in einem regelmäßigen Rhythmus, an ein Stampfen erinnernd, Stampfen, das die Welt stampfen würde. Zugleich bildeten sich in meinem Innern die Worte, oder eigentlich nur die Vorstellung: »Er und ich«; als die Vorstellung deutlich, und nun wohl doch Worte, geworden war, hörte das Dröhnen auf. Erst jetzt vermochte ich die Augen aufzuschlagen und erkannte, daß ich in einer ungeheuren Ebene mich befand. Einer unermeßlichen, leeren, winterlichen Ebene. So unermeßlich war sie, daß man gegen den Horizont hin die Rundung der Erde erkannte – sachte folgte der Rundung der glatte Himmel, der grauem Email, grau meliertem Wachstuch glich –, und auf dieser unermeßlichen Ebene befand sich nichts, gar nichts, nicht einmal ein Strauch, nicht einmal Sand, nur diese milchige Schneemasse, und daß ihr Ton da und dort stärker ins Gelbliche ging, das bildete der Ebene einziges Ereignis. Der andere war nicht mehr da: Ich war allein. Und ringsum kein Laut. Aber eine andere, furchtbarere Stimme bildete sich jetzt im Innern der Erde. Das Entsetzlichste an dieser Stimme bestand darin, daß man sie *nicht*, *noch* nicht hörte; was sie aber bedeutete, das wurde schon immer mehr klar, während ich meinen Leib schwarz und kälter werden spürte; die Stimme ohnegleichen sagte, daß, da nun der andere schon vernichtet war – –, da der andere ausgerottet, nicht mehr war – – – (ja, daß auch ich vernichtet würde, aber das kann man in Worten nicht sagen, Worte tönen anders, Worte sagen es

nicht, was da war, wie es in Wirklichkeit für mich gewesen ist). –
Damit schwieg er. – Man hätte sehen können, daß der Zweite betroffen war, nicht erschüttert; daß er das Gehörte sehr ernst nahm, daß es ihn aber nicht zu einer Neuordnung seines Innern nötigte. Nach einer Pause sagte er:
»Ich weiß wohl, daß Sie kein Träumer sind und kein Kranker! – Ich möchte Ihnen sagen können, daß wir nicht versuchen sollen, die Weltfrage zu lösen, sondern jeder an seiner Stelle das Seinige zu tun (wodurch wir am meisten lösen an der Weltfrage). – Haben Sie einen Beruf? Sie haben vielleicht doch einen. *Da* haben Sie vielleicht Ihren Beruf, wo keiner ist – es ist doch einer dort. Sie sind es, der die Möglichkeit offen läßt zu immer neuen Berufen. Die Welt ist ein Übergang, ist fortwährender Übergang, die höhere, die *dauernde* Harmonie glänzt nur Göttern (und von Göttern reden wir lieber nicht). Wir wollen zusammenbleiben. – Sie sollen weiterdauern in der Welt. Verstehen Sie mich wohl: in gewissem Sinne als Gegner zusammenbleiben! Ich schlage Ihnen keine Versöhnung vor! Ich kann mich nicht mit Ihnen versöhnen; denn dadurch würde ich Sie verneinen. Ich sanktioniere Sie nicht, ich nehme Sie nicht in mein System auf, ich sage nicht: ›Jenes habe ich überwunden‹ (obwohl ich es überwunden habe): Denn Sie sind es, der die Möglichkeit offen läßt zu neuen Berufen.«
Er richtete sich auf. Dem leidenden Jüngling gegenüber stand der schon Sichere durch den Strahl des Wissens; – nicht einer von jener Sicherheit, mit der man geboren werden kann, Sicherheit der frech Geborenen, Unbeirrbaren, Imperatorischen; sondern von der gereinigten, *erreichten*

Sicherheit. Es gibt zwei Arten von Sicherheit: die Sicherheit auf der Erde; die Sicherheit auf der Erde und im Sterben. (Der Jüngling hatte beide nicht; zeigte aber dadurch, daß er die erste nicht hatte, seine Berufung für die zweite.)

– Es hat mich gefreut, daß Sie gesagt haben, das »fait divers« zähle nicht; dort ist der Anfang für die Fortsetzung. Sie leben in einer Qual, die überwunden werden kann. Da, *wo das höhere Resultat ist, am Besten gemessen,* müssen Sie sich endlich hinwenden mit Ihrer Tätigkeit, Ihrer gesamten Tätigkeit – und das andere lassen können. Der Mensch ist nicht universell, er kann nicht alles, nicht vieles tun; man wird ihn durch das Positive messen, das er geleistet hat.

– Noch kann ich da nur Leiden sehen.

– Ja, *noch* Leiden.

– Nur Leiden.

Dann reichten sie sich die Hände und schieden unversöhnt, aber einander nahe.

1931-1934

SKIZZE EINER SKIZZE DER WELT

Ein Mann mußte sein Lebenswerk schaffen – ein Werk, das dastünde, wie ein Haus. Er begann erst einmal ein Gerüst aufzuführen.
Um das Gerüst zu schaffen, brauchte er wieder Vorbereitungen und andere Gerüste.
Manche dieser Vorbereitungen und anderen Gerüste erforderten ihrerseits wieder weitläufige Ausholungen, Bauten verschiedener Art, Anstrengungen.
Anstrengungen, welche die Tage fraßen, und die Zeit verging.
Die Zeit verging; und schon sah man den Tod näher und näher kommen – und ferne stand noch das Werk.
Ja von dem Gerüst des Werkes stand jetzt der Mann schon ferner als am Anfang von dem Werk ... Und doch hatte er sein Leben verbracht in unaufhörlichen Anstrengungen.
Näher kam der Tod, die Zeit drängte:
Da fand der Mann ein Wort, halb wissend oder kaum wissend; vielleicht auch sprach es sich allein:
Und aus den Wegen, die er gegangen, erstand sein Werk von selbst.

War es ein Haus?
Spätere nannten es ein Haus.
Und es sind nie andere Häuser gewesen.

DIE TRINKERIN

> Menschen, die viel trinken, sollten immer in einem gewissen Sinne *heftige* Naturen sein ... Denn sonst schleicht sich der besondere Geist, der des Alkohols, unehrlich und unvermerkt ein, tut nicht Wunder durch Erschütterung und Ausblick, sondern deformiert allmählich die Welt, die dann deformiert bleibt.
>
> (Nuancen und Details I, 20.)

Unter den zweifellos zahlreichen Arten der Wirkungen des Alkohols lassen sich zwei Hauptgruppen unterscheiden. (Geredet wird hier nicht von den rein körperlichen Veränderungen, wie Vergrößerung der Leber, sondern von den nervösen, seelischen, schließlich im Betragen sich äußernden Wirkungen; sozusagen den menschlichen, nicht den medizinischen.) Zur ersten gehören schwankende Gangart, Schreien und all jene Extravaganzen, die man gemeinhin als die *einzigen* Zeichen der Betrunkenheit zu betrachten pflegt; die zweite Gruppe umfaßt die langsamen *inneren* Deformationen. Zu betonen ist, daß diese inneren Deformationen beinahe unmerklich vor sich gehen; man wird sie entweder nicht oder nur bei genauer Kenntnis und Beobachtung des Betroffenen wahrnehmen. Der ersten Gruppe gehören vor allem Männer an, der zweiten Frauen, was leicht zu erklären ist: Trinkende Frauen werden im allgemeinen durch die Umstände genötigt, ihre Berauschtheit zu verbergen. (Man kann sich auch in berauschtem Zustand viel mehr Gewalt antun, als der Unkundige denkt.) Aber eben durch dieses Zurückdrängen der spontanen Wirkungen entstehen die langsamen, tiefen, inneren Deforma-

tionen, die bei den die spontanen Äußerungen nicht zurückhaltenden Männern viel seltener sind und die ein Satz nicht zu nennen oder gar zu beschreiben genügt.
Ich kannte eine Wirtin – in welcher Stadt, ist bedeutungslos –, die von Zeit zu Zeit einem maßlosen, Wochen oder Monate dauernden Schnapssaufen verfiel. Nachdem sie in vollständiger Heimlichkeit mit wenigem begonnen hatte, trank sie bald etwa einen halben Liter am Tag, dann mehr, am frühen Morgen beginnend. Sie erschien im Café, übernahm einen Teil der Bedienungen, nickte freundlich (oft etwas überfreundlich) den eintretenden Kunden zu, redete viel. Diejenigen Kunden, die nicht in das Geheimnis eingeweiht waren, mochten sie bisweilen *seltsam* finden, es fiel aber wohl keinem je ein, zu vermuten, daß er einer Besoffenen gegenüberstand. Sie rechnete ab, kassierte Geld ein; nachdem es neunmal gut gegangen war, wurde es ihr beim zehnten Mal plötzlich unmöglich, zwei ganz einfache Zahlen zusammenzuzählen, etwa 20 und 30. »Zwei mal drei sind sechs«, wiederholte sie viele Male mit einem gequälten Ausdruck des Gesichts; nachdem dann der Interessierte oder andere Leute sich lachend, und genügend klar und sicher, eingemischt hatten, tat sie so etwas wie einen inwendigen Sprung, ihr Gesicht erhellte sich wieder und sie sagte: »Ach, wo hatte ich doch meinen Kopf! Wissen Sie, das Rechnen – –« in einem solchen Ton, daß jedermann sich an die zahlreichen andern Beispiele erinnerte, die er angetroffen hatte von Leuten, die ihre arithmetischen Schwierigkeiten hatten, ohne im übrigen den mindesten Anlaß zu geben, für unnormal gehalten zu werden.
In einem vorgerückteren Stadium setzte sie sich zu irgendeinem Kunden und begann unvermittelt zu erzählen, daß

ihr Mann ein fürchterlicher Grobian sei, der ihr nichts gönne; er selbst trinke maßlos, nur wisse er es vor den Kunden zu verbergen; sie dürfe mit niemand sprechen – auch jetzt schaue er schon her, sie müsse sich davonmachen. Was für eine Szene sie wieder haben werde! Er sperre sie ein; er nehme ihr alles, was sie habe, verschenke es, verkaufe es. Und so fort, in einem Ton, den nur ein sehr geübter Beobachter hätte als unnatürlich empfinden können. Dann schenkte sie diesem Kunden (trotz der ihr angeblich drohenden Gefahr blieb sie nämlich sitzen oder kam sogleich wieder), vorausgesetzt, daß er willig zuhörte oder gar sein Mitleid, seine Entrüstung äußerte – aber das Zuhören ohne Einwände genügte schon –, zu trinken ein, soviel er wollte und soweit sie es unbemerkt von ihrem Manne tun konnte. (Es versteht sich von selbst, daß manche Kunden davon unendlich profitierten und gerne wiederkamen.) Der Wirt, ein nüchterner Geschäftsmann, mehr oder weniger ja dennoch auf dem laufenden über dieses Treiben, war außerstande, es im ganzen zu verhindern, obwohl er klar erkannte, was für ein Schaden für das Haus damit verbunden war. – Aber sie verschenkte nicht nur; an andern Tagen ereignete sich Entgegengesetztes: Nachdem sie eine Weile ihr Leid einem – oft ganz unbekannten – Kunden geklagt hatte, bat sie ihn, er möchte doch ein Glas Schnaps bestellen, das dann *sie* heimlich trinken werde (ihr Mann gönne ihr ja nichts, nie das geringste Gläschen). Man muß gesehen haben, was für eine Meisterin sie darin war, den Inhalt des Glases, wenn es bestellt war, heimlich verschwinden zu lassen! Der Mann, hinter dem Schanktisch, mußte sich nur für eine Sekunde umwenden, um eine Flasche zu ergreifen (auch mit den Spiegeln zählte sie dabei), und es war geschehen. Das konnte sich wiederholen, einmal, zehnmal. Bisweilen machte sich ein Kunde, der vielleicht selber nicht nüchtern war, ein übles Vergnügen aus der Sache. Es versteht sich von selbst, daß die Geschäfte des kleinen Cafés außerordentlich zurückgingen: Ein Teil der Kunden, die strengen Bürger, blieben weg, andere wieder kamen nur, um zu profitieren. Schließlich sperrte der Wirt die Frau wirklich ein (das Trinken zu verhindern, war ganz unmöglich, sie wußte sich immer, auf die allerverschiedensten Arten, Mengen von Schnaps zu verschaffen); manchmal erschien sie schreiend, an der abgeriegelten Türe rüttelnd, im Treppenhaus, flehte durch die Türe hindurch die Kunden an, sie möchten sie doch befreien, den Mann bewegen, sie herauszulassen, sie halte es nicht mehr aus, es rennten Serien von schwarzen Tieren durch ihr Zimmer; das letzte Stadium hatte somit begonnen. Bald demolierte sie Schlösser und drohte aus dem Fenster zu springen; dann erschien eines Tages der Wagen, der sie ins Krankenhaus brachte, wo sie drei Wochen blieb, zu vorübergehender Besserung. Heute besteht das Café nicht mehr; der einstige Wirt bezieht Arbeitslosenunterstützung.

Eigentlich wollte ich nicht von dieser Wirtin reden.

Als wir einmal für eine Zeit in einem Bergdorf wohnten, hatten wir von einer Bekannten, die ihre Sommerferien ebenfalls da verbringen wollte, den Auftrag entgegengenommen, ihr ein Zimmer zu suchen (das kleine Dorf, fast ausschließlich von Bergbauern bewohnt, war ohne Hotel), es zu mieten und instand setzen zu lassen, damit sie bei ihrer Ankunft sogleich einziehen könne. Wir begannen uns also zu erkundigen. Nein, hieß es überall, es sei nichts mehr frei; sie hätten für sich selber eben Platz genug; sie wüßten nun wirklich nicht – –; es wäre denn, wenn Margerite – –; diese hätte wohl noch ein Zimmer, nur – –. Sie sprachen das letzte sehr zögernd aus und warfen einander bezeichnende Blicke zu. Aber was diese Blicke bezeichneten?

»Ausbeutung – – stiehlt sie?« mutmaßte ich rücksichtslos. (Übrigens kannte ich die Person ja nicht.)

»O nein«, sagten die Leute eilig.

»Schmutzig?«

»Nicht das –.«

Weiter war nichts herauszubringen; die Leute lächelten nur, besonders einander zu. »Ihr Mann ist droben im Wasserwerk.« Einige brummten noch etwas im Dialekt, das wir nicht verstanden. Da wir aber durchaus ein Zimmer nötig hatten und auch nach weiteren Erkundigungen nirgends sonst sich eines fand, klopften wir an die Türe von Margerite.

Wir erblickten ein Weib von vierzig oder fünfundvierzig Jahren, dem es an Auffallendem nicht fehlte. Der erste, summarische Eindruck war, daß wir einer Puppe gegenüberstünden, die sich langsam und zierlich bewegte (was besonders auffallen mußte in einem Bergdorf, wo auch die Weiber vorwiegend dürr und hart sind). Sie zeigte sich schüchtern, höflich, sehr sanft und leise, und redete nicht viel. Sie trug drei Schürzen übereinander und auch sonst zu viele Kleider, jedoch nicht wollene und schwarze – wie die Sitte in diesen Gegenden ist –, sondern solche aus glatteren und farbigeren Stoffen. Sie war mittelgroß, mitteldick, sie sah halb aufgedunsen, halb zierlich aus; alles war rund an ihr, Schultern, Wangen, Nase, Kinn, ja selbst die Hände,

die nicht den Eindruck erweckten, zugreifen zu können (wiederum besonders erstaunlich in einem Bergdorf!). Um den Kopf hatte sie ein Taschentuch geschlungen in ziemlich ungewohnter Weise; es umrahmte stark das Gesicht – das dadurch noch viel runder wurde – und das Gesicht war rötlich und blau angelaufen (es hatte genau die Farbe gewisser großer Pflaumen kurz vor der Reife) und die Wangen hätten durch ihre Form den Schluß erlauben können, daß auf jeder Seite mindestens drei Zähne entzündet seien. Aus diesem niedrigen, samtenen, kissenartigen Gesicht hervor aber blickten dunkle Augen in unsäglicher Sanftheit. Sie erinnerten auch an gewisse Madonnenbilder. In kurzen Momenten flog diese Augen eine Art Wirrnis an, dann wurden die Augenbrauen plötzlich dichter, in dem Gesicht, dem sonst alle Ecken, ja jede nennbare Linie fehlten, zu einem finstern Strich, momentweise.
Mühelos erhielten wir ihre Zusage. Sie schien erfreut zu sein, das Zimmer vermieten zu können. Mit dem vorgeschlagenen Preis war sie sofort einverstanden. Die verschiedenen Einzelheiten, wie das Datum der Ankunft, daß das Bett überzogen sein müsse, das Zimmer rein sein, Wasser und Waschbecken enthalten usw., wurden festgesetzt und von ihr leicht begriffen; sie fügte selber einiges hinzu, wie, sie werde erst einen Moment Feuer machen, nicht, um zu heizen, im Sommer! aber um die Feuchtigkeit zu vertreiben, das Zimmer könnte etwas feucht sein, sei seit langem nie gelüftet. Sie werde zwei Handtücher hinlegen, sie wisse wohl, was eine Dame brauche, sie sei früher in O. (dem nächsten größeren Dorf) im Gasthaus tätig gewesen. Das Zimmer zeigen wollte sie nicht; sie müsse sich entschuldigen, es sei so staubig, voller Gerümpel usw.

Als ich am nächsten Tag an ihrem Haus vorbeiging (und fast genau dieselbe Szene ereignete sich fortan an jedem der folgenden Tage, bisweilen sogar mehrmals am selben Tag, wenn nur jemand von uns vorbeiging), stürzte sie lautlos und schnell aus ihrer Türe – wie wenn sie auf der Lauer gelegen hätte –: Ob die Dame wohl käme, sie müsse es *sicher* wissen; und wann sie käme. Was doch alles deutlich besprochen worden war! – Ich könne ihr wohl eine Anzahlung machen, sagte ich. Oh, ferne solle ihr solches sein, sie frage nicht deswegen, sie habe Vertrauen. Niemals würde sie Geld voraus entgegennehmen! Es sei nur, daß sie es genau wisse. Mühelos ließ sie sich beruhigen. »Die Dame« kam sicher, kam am 16., das Zimmer mußte bereit und rein sein. Ihre Aufregung verlor sich, sie lächelte.
Nach einigen Tagen – am 14., also zwei Tage bevor in das Zimmer eingezogen werden sollte – erschien sie zum erstenmal selber in unserm Haus. Schwach wurde geklopft, dann zeigte sich eine Puppe im Türrahmen, trat schüchtern und leise ein. Die dunklen Augen schauten überraschend, mit gedämpftem, mystischem Feuer. Die Füße suchten einen sichern Standplatz, als ob sie auf sich bewegenden Brettern gehe; sie brachte die Hände, welche die Türklinke umständlich und wie mit Bedauern verlassen hatten, mit aufmerksamer Hingewendetheit in die richtige Lage; und dann endlich begann sie leise, zart:
»Ich wollte nur sagen, es ist wegen des Zimmers, es ist wenig, was ich zu sagen habe …«
Wir nickten ihr ermunternd zu.
Dann sagte sie mit unendlicher Seelenruhe und ihre Madonnenaugen blickten rätselhaft, aber still und ergeben: »Ich kann das Zimmer nicht vermieten.«

Und schaute mit großer Sanftmut da- und dorthin im Zimmer.
Nachdem wir unsere erste Verblüfftheit überwunden hatten, begannen wir für unsere Lage zu kämpfen.
»Margerite, das wird doch nicht Ihr Ernst sein? – Davon hätten Sie uns früher Mitteilung machen müssen! Jetzt können wir nichts anderes mehr finden. Die Dame *muß* ein Zimmer haben.«
»... muß sie ein Zimmer haben?« wiederholte Margerite langsam, wie wenn sie zur Hälfte träume, und die dunklen Augen begannen jetzt einen gewaltsamen, halb verstörten oder auch zu außerordentlicher Anstrengung sich sammelnden Ausdruck anzunehmen.
»Selbstverständlich! – Aber warum soll es denn auf einmal nicht mehr gehen? Sie wollen doch nicht jemand anderem vermieten?«
»Nein, das nicht.« Die Starrheit im Gesichte ließ nach, aber das Traumhafte blieb, sie redete noch langsamer als vorher und ebenso leise.
»Oder haben Sie es selber nötig?«
»Nein, das nicht ... aber wenn die Dame schon in zwei Tagen kommt, ich werde gewiß nicht fertig werden mit allen Vorbereitungen. Und dann wird gewiß dieses oder jenes fehlen. Denn ich sage mir: (Hier begann die fast unhörbar gebliebene Stimme zum erstenmal, seit wir Margerite kannten, sich etwas zu erheben.) Entweder nicht vermieten – oder dann muß es rein sein. Rein muß es sein! (Sie begleitete diesen Satz mit einer ungemein entschlossenen Bewegung, wobei die Hand überraschenderweise fast einen rechten Winkel bildete mit dem Vorderarm. Und im Gesicht erwachte ein nicht weniger überraschendes Mie-

nenspiel.) – So müßte ich denn (das sagte sie wieder leise, aber in anderer Art: halb zu sich selber, wie einer, der sich ermuntert zu einer Sache, die er noch nicht recht glauben kann und die zu glauben doch keine Hindernisse bestehen) mich heute noch daranmachen? – alles wegräumen und erst den Boden waschen? – Nachher ziehe ich über den Tisch ein neues Tuch und hänge ein Bild an die Wand!«

Und jetzt begeisterte sie sich:

»Sie sollen sehen, wie gut ich alles einrichten werde! – Wieviel hat doch die Dame geschrieben, daß sie zahlen wird? Es ist nur wegen meines Mannes, daß ich frage. Der ist jetzt nämlich droben in seinem Wasserwerk. Wie wird der dann staunen, wenn er von seinem Wasserwerk herunterkommen wird! Margerite, Margerite, hast du das Zimmer noch immer nicht vermietet? Dann sage ich nichts, nur dies: Geh mal ein bißchen hinauf und schau dir die Dame an, die droben sitzt. Geh, schau dir ein bißchen die Dame an … Dann rede!

Und rein! Rein! Denn, lassen Sie mich das noch sagen, es ist kurz und einfach: Reinlichkeit ist nämlich mein *Prinzip.* Es gibt da nichts daran zu ändern. – Nur (die Stimme wurde schwach) – wenn die Dame schon in wenigen Tagen kommt, ob dann schon alles … Nur einen *Monat* später! Ach, selbst wenn es auch nur eine Woche später hätte sein können …«

»Aber Sie haben doch noch übergenug Zeit. In ein, zwei Stunden ist alles erledigt. Was gibt es denn viel zu tun?«

»So, meinen Sie … Sie denken, es ist noch möglich? Dann will ich mich gleich dranmachen. Nun, entschuldigen Sie mich, ich will schnell gehen und mich an die Arbeit ma-

chen. Die Arbeit. Hu! Was ich ... Doch fassen wir Geduld, fassen wir Geduld. Auf Wiedersehen.«
Und sich noch einmal zurückwendend, als ob sie etwas ganz Neues mitzuteilen hätte: »Ich sage mir immer: Fassen wir Geduld.«
Am folgenden Tag trat sie wieder ein, aber mit einem an ihr bisher nicht gekannten Temperament; alle Schüchternheit schien nun verloren zu sein; schon im Hausgang begann sie zu reden. »Ha!« rief sie, »was ich für eine Arbeit habe! Ich sage mir aber: besinnen wir uns nicht zu lange. Es muß doch geschehen. Was ich Sie noch fragen wollte – es ist kurz und einfach – (eindringlich, mit kritischem Auge): Hat sie geschrieben, die Dame, daß sie schon morgen kommt?«
»Gewiß, ganz genau morgen. Morgen um elf Uhr steht sie da.«
»Herrgott, daß das sein muß. Wir ändern nichts. Was ändern wir, ich will mich an die Arbeit machen. Diese Nacht wird es nicht viel Ruhe geben. Ha! Donnerskalb! Arbeit, Arbeit, nichts als Arbeit. Und wenn ich gar noch meine Kuh da hätte! Die ist jetzt auf der Alp, die läßt es sich gut gehen da droben, die denkt nicht, was sie mir diesen Winter für eine Arbeit machen wird. O dieser Winter! Wenn die Kuh das Kalb haben wird ... aber denken wir nicht daran. Ich mache mich schnell davon, ich gehe, auf Wiedersehn.«
Sie tat einen Schritt zur Tür und plötzlich überkam sie ein Lachanfall. Genau wie eine kleine Schülerin, wenn der Lehrer das Lachen verboten hat; es schüttelte sie; sie verbarg das Gesicht mit den Händen, mit zwei Schürzen, und suchte vergeblich das Lachen zu bemeistern. Als sie wieder sprechen konnte, schaute sie möglichst unbefangen;

das Gesicht hatte etwas Helleres als vorher, sah wie gewaschen aus, etwas unsicher. »Ach, ich muß doch lachen, wenn ich mich erinnere ... hören Sie, ich will es Ihnen erzählen, es ist kurz und einfach. Doch nein ... (das Lachen drohte wieder auszubrechen), ich kann es Ihnen jetzt nicht erzählen. (Das Lachen schüttelte sie von neuem.) ... Aber gleichviel, es hilft einem doch immer, wenn man lacht. Man vergißt die Sorgen. Das Leben sieht nicht so zum Lachen aus.« Sie schaute jetzt tief ernst drein.

»Erzählen Sie doch, was Sie erzählen wollten!«

»Nein«, erwiderte sie mit Festigkeit. »Nicht jetzt. Denn ich sage mir: die Arbeit voran. Ich gehe. Ich kann mich jetzt nicht aufhalten lassen. – Ach, das Leben ist doch schwer. Wenn Sie wüßten ... Gleichviel. Ist die Dame schwer zufriedenzustellen?«

»Nicht im mindesten, sie ist sehr freundlich. Nur eines wünscht sie: Reinlichkeit.«

Margerite tat einen ungeheuren Atemzug. »Ah! Aber dann ist sie ja ganz wie ich. Denn immer sage ich mir: Reinlichkeit! Reinlichkeit vor allem. Eher koche ich die Suppe nicht, als daß ich die Wäsche nicht wasche. Denn, sehen Sie, Reinlichkeit ist mein Prinzip. Und dann die Arbeit. Die Arbeit vor allem. Ha, lassen Sie mich Ihnen sagen, es ist kurz und ...«

»Setzen Sie sich!« (Sie schaute zu wiederholten Malen nach der Türe, vor der sie immer stand.)

Das machte sie entschlossener. »Nein, nein! Um keinen Preis!« rief sie. »Ich gehe, ich gehe.« Sie wandte sich in den Hausgang, als ob sie vor etwas fliehen müßte. Als ich nach ihr hinausgetreten war, sah ich sie die Straße hinunter *laufen.*

Am selben Abend gingen wir hin, fest entschlossen, uns das Zimmer anzusehen. Aber wir stießen auf einen unerwartet heftigen Widerstand; unserer Entschlossenheit wußte Margerite eine stärkere entgegenzusetzen. Nein, nein, nur jetzt sie nicht stören, wir würden es sehen, wenn *alles* fertig sei. Ob wir denn kein Vertrauen hätten? »Ich will nichts Unvollkommenes zeigen, daß Sie es am Ende der Dame schreiben würden und diese einen schlechten Eindruck von mir empfinge!« – »Der Dame kann man jetzt nicht mehr schreiben, die ist schon auf der Reise.«

»Hier, diese Spitzen –: Ich nehme jetzt andere Bettücher, ich hatte vorher diese bestimmt, diese mit gesticktem Namen, sehen Sie. Es sind die Tücher von meiner Hochzeitsnacht! Aber dieser gestickte Name würde die Dame *kratzen*, wenn sie eine sehr feine Dame ist. Ist die Dame sehr delikat?«

»Hören Sie«, flüsterte sie fast drohend, »sagen Sie den Leuten nichts! Es gibt böse, sehr böse Leute im Dorf … ich will nichts Weiteres sagen. Die Leute in diesem Dorf, wissen Sie … was die alles zu reden haben – sagen Sie nur denen nichts!«

Als »die Dame« ankam, waren indessen doch nicht diese Tücher, die Tücher ohne gestickten Namen, im Zimmer. Das Bett war überhaupt nicht überzogen. Eine Matratze war nicht vorhanden. Alles im Raum war Schutt und Schmutz. Und das sahen wir erst, nachdem wir durch den Schlosser die Türe hatten öffnen lassen, die, wie das verrostete, nicht mehr funktionierende Schloß und die dichten Spinngewebe anzeigten, Monate, vielleicht Jahre, nie bewegt worden war.

LAURISA, DIE GLÄNZENDE

Das Klima dieses kleinen, an einem nördlichen Meer liegenden Landes, dessen Namen ich nach reiflicher Überlegung vorziehe zu verschweigen, ist sehr schlecht, aber im besonderen schlecht wirkt es auf die Frau; den Mann mag es teilweise lähmen, in seiner Vitalität vermindern, die Wirkung auf die Frau dagegen ist eine positive, das heißt also eine entschieden negative: es bildet in ihr die absonderlichsten Charaktereigenschaften heran. Schon die jungen Mädchen, deren es in diesem Lande viele hübsche, nein, sogar sehr viele schöne gibt, benehmen sich häufig wie die unerzogensten Gassenjungen, erlauben sich Unverschämtheiten, über die man staunen kann – über die in jedem andern Lande jeder staunen würde. Dann verheiraten sie sich und werden mit einer unbegreiflichen Plötzlichkeit häßlich, und zwar in einem Maße, daß der hier anzutreffende Durchschnitt der Frauen von mehr als fünfundzwanzig bis dreißig Jahren wohl mit demjenigen keines andern Landes sich vergleichen läßt; häßlich in jeder Weise: in Gangart und Bewegungen, Körperformen und Gesicht, Kleidung und Miene; sie haben keinerlei Energie mehr übrig für die Pflege ihrer Person, ihrer körperlichen Haltung, verfetten unglaublich, lassen sich völlig gehen und kleiden sich auf das geschmackloseste. Aber den ärgsten Einfluß, wie gesagt, übt das Klima auf das Seelische aus und das schon früh. So ist denn der Mann, der sich auf Ehe oder langdauernde Verbindung einläßt, übel dran; leider lassen sich die Männer doch ein.

Schauerlich interessant, bald aber nur noch schauerlich, ist diese ewige Kette von Streitfällen, die hier das Wesentliche jeder zweiten Verbindung zwischen Geschlechtern ausmacht, für den Dritten, den Zuschauer. Soll er sich einmischen, zu schlichten suchen? Meiner Meinung nach wird er dies am Anfang vielleicht tun, später wird ihn seine durch Erfahrung gewonnene Erkenntnis davon zurückhalten.
Wirklich nicht, weil ich irgendeinen Gewinn für mich erhofft hätte, sondern allein, weil mir der Anblick der traurigen Zerwürfnisse zusetzte und ich als einziger anwesender Unbeteiligter eine Art Verantwortung spürte (indem von hier, dem Ort des Dritten aus vielleicht leicht war, das zu lösen, was zu lösen dort unmöglich schien), suchte ich einmal zu schlichten. Nicht etwa, daß ich im Ton der mahnenden Moral zu dem Mädchen geredet hätte! Sondern ich suchte nur in der sachlichsten Weise zu erklären, warum gewisse ihrer Zumutungen unmöglich seien (indem sie das und das nach sich ziehen mußten, oder aber auf gewissen Voraussetzungen ruhen, die nicht bestanden; daß aber über diese Klüfte hin sich zu spannen auch das dehnbarste menschliche Wesen nicht dehnbar genug sei); und da doch jeder danach strebe, den Zustand zu bessern, komme es vor allem darauf an, die Lage, an der Lage aber das am schwersten zu Erkennende: die eigene Handlungsweise, zu *sehen*, so schwierig das auch manchmal sei. Da trat sie, ich hatte noch nicht ausgeredet, nahe an mich heran, ohne ein Wort zu sagen (es sah wohl komisch aus); ich spürte, daß etwas Besonderes kommen mußte, konnte mir aber nicht deutlich machen, was (vielleicht ein Zeugnis vollständiger Bekehrung, ein Ausbruch der Dankbarkeit? – sollte

ich mich so geschickt benommen haben ...?); und plötzlich hatte ich eine sitzen. Heute weiß ich ja, daß sie erwartet hatte, ich würde ihr den Hof machen (wodurch ich aber wieder mit dem Mann hätte in Konflikt geraten können, und in einen, der vielleicht innerlich unangenehmer war); denn im Kokettieren ist fast jede Bewohnerin dieses Landes wenn nicht fein, so doch sehr stark. Und von dem Mann, der sich bald mit der Frau wieder aussöhnte (natürlich nur vorübergehend), erntete ich auch keinen Dank. Übrigens war er ein blöder Kopf.

Mehr zu Herzen ging mir das Schicksal eines andern Freundes, den ich nun wirklich Freund nennen konnte. Das Mädchen, mit dem er in die unglückselige Verbindung getreten war, führte den seltsam und hoch tönenden Namen Laurisa. Namen sind nicht ohne Bedeutung! Ich jedenfalls bin überzeugt, daß man nicht einen bestimmten Namen ohne ein bestimmtes inneres Wesen, möge dieses nun stärker oder weniger ausgeprägt sein, tragen kann. Dabei handelt es sich wohl weniger um ein mysteriöses Zusammentreffen von Verwandtem als um ein Heranbilden bestimmter Eigenschaften: Namen üben Einflüsse aus. Das heißt, daß ein Kind, das du Lili getauft hast, anders geworden ist, als es geworden wäre, wenn du es Erika genannt hättest. Es ist klar, daß die Einflüsse des Namens gute und böse sein können: es ist also möglich, durch Taufen Gutes und Böses zu tun. Eine durchaus moralische Tat wäre es daher, wenn die gesetzliche Möglichkeit geschaffen würde, ohne besondere Schwierigkeiten seinen Namen zu ändern. (Auch würde man, wenn das Bewußtsein über diese Dinge erwacht wäre, gewisse Eltern für ihre Namengebung zur Verantwortung ziehen müssen ...) – Ich bin

überzeugt, daß das nichts mit Aberglauben zu tun hat, sondern daß jeder es weiß, der Beobachtungen sammelte. Allein, daß einer sagen konnte: »Die Möven sehen alle aus, als ob sie Emma hießen« und daß dieses *dichterisch* ist, müßte als Beweis genügen; denn warum wären diese Worte – oder überhaupt Worte – dichterisch, als weil sie einer tiefern Wirklichkeit entsprechen, deren schon in unserm Unbewußten vorgebildete Kenntnis sie blitzschnell hochtauchen lassen? Wer aber Zeit hat, der lese nach, wie gründlich Balzac in der Einleitung zu »Z. Marcas« sich über die Bedeutung der Namen auseinandersetzt; und Balzac – war doch ein Beobachter, kein Träumer, oder wer war denn ein Beobachter? – »Laurisa«: darin ist wohl einmal Laura; ein gewaltiger Name: Laura, die Angebetete oder – die angebetet sein will. Aber durch das angehängte »-isa« geschieht zugleich eine Verengung des Raumes von »Laura« und kommt ein leidenschaftlicherer und prätentiöserer Zug hinzu, eine schärfere und besondere Note ...
Von der allgemeinen Entwicklung dieser Beziehung gibt es nicht viel zu erzählen; auch eine lange Serie von fürchterlichen Szenen wirkt schließlich monoton; in einer fürchterlichen Szene endete aber mindestens jede zweite Zusammenkunft. Es ist unglaublich, wieviel in diesem (kleinen, an einem nördlichen Meer liegenden) Lande unter Erwachsenen geprügelt wird! (Was damit zusammenhängen dürfte, daß die Bewohner dieses Landes des Wortes wenig mächtig sind. Um aber nicht einseitig zu bleiben, muß ich auch hervorheben, daß man sich den Kindern gegenüber in diesem Lande unvergleichlich viel menschlicher benimmt als zum Beispiel in einem andern kleinen – in den Alpen liegenden – Lande, in dem sich zwar eine An-

zahl fortschrittlicher – vorwiegend von Ausländern geleiteter – und von ausländischen Kindern besuchter – Schulen befinden, das auch einmal den größten Pädagogen einer *Zeit* hervorgebracht hat, wo aber dennoch die meisten Leute unerschütterlich an der Meinung festhalten, daß man Schwierigkeiten im Innern des Kindes am besten durch Schlag auf die Schale beseitige, daß man durch heftiges Klopfen die Fehler im zarten Getriebe eines Organismus am leichtesten behebe, – was um so mehr verwundern muß, als dieses Land eine ausgebreitete und vorzügliche Uhrenindustrie besitzt.) Es konnte vorkommen, daß Laurisa ihrem Geliebten öffentlich nicht eine Ohrfeige, sondern mehrere nacheinander versetzte, weil er etwa die Meinung geäußert hatte, es wäre schön, gemeinsam zum Meer hinabzugehen, und bei dieser Meinung anscheinend noch blieb, trotzdem Laurisa, die zuerst einverstanden gewesen war, schon ihre Abneigung gegen diese Unternehmung undeutlich zum Ausdruck gebracht hatte.

Es fand sich indessen irgendwo in der Natur dieses Mädchens auch Güte; aber was will Güte bedeuten, wenn Borniertheit und Leidenschaftlichkeit, ebenso groß, dicht daneben wohnen?

Laurisa stand noch in ihrer guten Zeit, das heißt, sie hatte ihr fünfundzwanzigstes Jahr nicht erreicht; sie war sogar noch ziemlich entfernt davon; und ihr Äußeres, ihre schlanke, sehr schlanke und dennoch eine verborgene Stärke andeutende Gestalt, war von frappierendem Glanz. Dadurch mag vielleicht die Stärke der Bindung eher begreiflich werden. Es wäre übrigens unrichtig, anzunehmen, daß der Wille, die Verbindung zu halten – vielmehr, nach allen Katastrophen wieder aufzunehmen –, allein von der männlichen Seite ausging; hie und da trat auch bei dem Mädchen etwas zutage, woraus man verwunderlicherweise auf eine gewisse innere Verpflichtetheit schließen mußte. – Er war jung, begabt; äußerst sensibel, leidenschaftlich; zugleich von innerer Heftigkeit und Schwere. Laurisa erinnerte auffallend an gewisse Figuren Botticellis; mit der langen, schlanken Gestalt, die den Eindruck erweckte, mehr *gefügt* als aus einer Einheit heraus entwickelt zu sein (wie aus Elfenbeinteilen gefügt), mit der dünnen, scharfen und doch sinnlichen Linie, jener *kühlen Glut.* Vor allem aber das Haar von seltener Prächtigkeit, dieses unvergleichliche messingne Haar, dessen natürliche Wellen in ungeheurer Lebendigkeit, aller Kunst der Coiffeure spottend, das helle, perlmutterartig schimmernde Gesicht umgaben, mußte auch einem wenig Aufmerksamen sofort jene Schlangen von messingner und goldener Gewalt der Botticellischen Mädchen in Erinnerung rufen, wenn er nur einmal sie gesehen hat.

Diese Figuren besitzen zwar nicht die eigentliche Schönheit (die nicht den Eindruck des Gefügten, sondern des aus einer Einheit heraus Entwickelten erweckt), der Körper ist zu lang, zu dünn, zu nahe dem Gebrechlichen; zu unplastisch; das Gesicht zu herb, zu hart, ja oftmals auch zu arm (bei Laurisa gar erinnerte es durch etwas Gedehntes, Zackiges des Profiles irgendwie an ein Raubtier, wenn auch schwer zu sagen wäre, an welches): aber wenn Sonne, freudige Erregung, besonders festliche Erregung, ihre Stimmung gut lenkt (denn sie sind von Stimmungen abhängig, sehr veränderlich, während die eigentliche Schönheit das viel weniger ist), kann aus ihrer Erscheinung ein solcher Glanz brechen, daß jede echte, statische Schönheit daneben verblassen muß. Das Wunder kann am Abend im festlichen Raum geschehn: Die Augen, welche sonst wie etwas verwirrt, ohne richtige Anwendung in dem zu spröden Gesicht stehn, werden dann sehr groß, sternenhaft; alle Linien des sonst zu harten, zu unsicheren, aus den Dingen ausgeschiedenen Gesichtes bejahen und dienen; die wunderbare Haut, die durchscheinende, überall lebendige, der Natur von Elfenbein, von Perlmutter und Perlen verwandte Haut kommt zur vollen Geltung (diese unvergleichliche Haut mancher Rothaarigen, die von einigen »unrein« genannt wird, weil deren Auge stupid ist). Glanz? Das französische Wort »*éclat*« drückt von dieser Wirkung weit Genaueres aus. »Glanz« ist zu wenig gesagt, »Strahlen« ist erst recht viel zu mild, zu unverbindlich, zu hoch, zu fern: *éclat* ist ein unser Wesen gewaltsam erfassender, beinahe schlagender Glanz. – Aber nicht nur am Abend im festlichen Raum konnte das Wunder geschehn, an gewissen Sonnentagen im Freien war der Glanz fast noch größer; besonders wenn Laurisa ein Kleid von hellem Blau trug und sich in ihrer Schlankheit und mit dem unbeschreiblichen Haar, das bald mehr an Messing, bald an Gold, bald an Kupfer erinnerte, gegen den Himmel abhob, in ihrer Helle dunkler als der Himmel, gegen das Helle von fernen Horizonten und Landschaft heller als sie.

Als ihr Verhältnis ungefähr so schlecht geworden war, wie es überhaupt denkbar ist, beschlossen sie, die Ehe auch gesetzlich zu machen (wer von den beiden am meisten Initiative zeigte, blieb unbekannt; genug, sie stimmten darin überein). Ich riet meinem Freund entschieden ab, natürlich umsonst. Ich sagte, daß ich nichts gegen die Natur von Laurisa einwenden wolle ..., aber – die Temperamente paßten nicht zusammen! Wie wäre es, wenn er einmal versuchen würde, nach Paris zu reisen und dort eine Zeitlang zu leben (seine beruflichen Umstände hätten ihm das vielleicht erlaubt); es gebe noch so viele Mädchen in Paris und auf der Erde. Da schaute mich mein Freund an, wie wenn er in Grönland wäre. Ich sah ihn ganz nahe vor mir, aber meine Worte gingen nicht zu ihm hin. Und die Vorspiele zur Eheschließung, das papierliche Unwesen, begannen.

Eines Tages traf ich meinen Freund im Kaffeehaus in einem Zustand, der mich erschrecken ließ; ich hatte ihn ein paar Tage nicht gesehen. Die Augen hatten allen Glanz verloren, schauten unbewegt, ausdruckslos – oder vielmehr, schauten überhaupt nicht. Er murmelte nur etwas, wie, daß es einfach nicht mehr weitergehe, und verblieb in seiner unheimlichen Abwesenheit, auf alle Fragen, was Besonderes denn geschehen sei, höchstens mit einer schwermütigen Kopfbewegung antwortend. Und während ich eine Minute aus dem Saal abwesend war, eilte er weg.

Sofort machte ich mich auf; wenn je, hatte ich jetzt um ihn Angst. (Es erwies sich nachher auch, daß er an diesem Abend einen Vergiftungsversuch unternommen hatte, der glücklicherweise mißlang.) »Sie haben recht, nach ihm zu sehen«, sagte der Wirt teilnehmend. – »Wir dachten gestern, daß er verrückt werde. Die junge Dame, mit der man ihn oft sieht, muß ihn wohl arg am Kragen haben? Ist es nicht bedauerlich – ein so schöner junger Mann ...«, fügte die Frau hinzu. »Mische dich nicht in Privatverhältnisse! Wir sind Geschäftsleute«, tadelte der Mann. – Aber wohin mich wenden? Schon war er auf der Straße nicht mehr zu erblicken. Ich eilte zu dem nahen Kanal, dann nach seiner Wohnung, wo er nicht erschienen war, dann lenkte ich meine Schritte, schon unentschlossener, nach einem andern Café, – als ich die Begegnung hatte, die mir die unerwünschteste sein mußte.

In hellblauem Kleid im Sonnentag des eben erstarkten Frühlings stand sie vor mir und so nahe schon, daß es zu spät zum Fliehen war. Was sollten mir nun noch ihre Rasereien? Laurisa pflegte nämlich nach ihren Anfällen keineswegs rasch wieder zu sich zu kommen, wieder milde zu werden oder gar ihr Unrecht einzusehen; sie wütete noch eine Zeitlang fort, überschüttete jeden Bekannten mit ihren Ausfällen, wenn dieser nur, wie ich es mir angewöhnt hatte, es schweigend geschehen ließ (was sie naiverweise für Zustimmung nahm); denn, soviel habe ich früher dargelegt, widersprechen konnte nur zu größeren Ärgernissen führen; ihr etwas erklären zu wollen, war so aussichtslos wie der Versuch, an einer vollständig glatten Wand hochzuklettern. Diesmal aber wußte ich wirklich nicht, was für eine Fassung ich noch zu bewahren vermöchte –, zumal ja das Schlimmste auch von ihrer Seite zu erwarten war nach den Szenen, die, aus des Freundes Zustand zu schließen, in der letzten Zeit stattgefunden haben mußten.

Sogleich begann sie viel zu sprechen, sie erzählte. Sie sei mit einer Freundin Kahn gefahren, vernahm ich erst; dann mancherlei von einem Ball, auf den sie diesen Abend gehen werde; sie redete schnell und leicht – und jetzt erst schaute ich sie richtig an und es ging mir zu meinem unsäglichen Staunen auf, daß sie vollständig heiter war, gelöst wie das Wetter dieses Frühlingstags! Jedermann versteht, daß ich kein Wort mehr fand, ich aber frage mich, wie ich in diesem Augenblick wohl dreinschaute? Dunkler, prächtiger stand sie vor der hellen Ferne – heller und dunkler zugleich, *massiv* vor der duftigen Ferne –, die großen Augen strahlten in dem Gesicht, von der niederen, vernunftlosen Stirne ging ein schlagender Glanz aus. Nie hatte sie mehr Gegenwart besessen! Und während ich mich zu fragen begann, ob ich denn eigentlich träume, hörte ich sie dieses sagen: Was »ihn« betreffe, das Zusammenleben gehe gottlob jetzt besser, seit einigen Tagen. Sie hätten sich eingerichtet, sie sei so froh! »Ich habe endlich herausgefunden, wie man ihn behandeln muß.«

1937

DREI ALTE WEIBER IN EINEM BERGDORF

Unter den Erscheinungen, die mir aus der Zeit meines Aufenthaltes im Bergdorf in Erinnerung sind, heben sich diejenigen dreier alter Weiber mit besonderer Deutlichkeit hervor. Nicht daß der Ort arm war an Merkwürdigkeiten: Da ragte hinter und über dem obersten Saum des Waldhanges, über dem Saum, wo sonst nur einzelne Bäume mit der Zartheit feinster Gräser vor dem lichten Himmel standen, jener turmförmige unbegreiflich hohe Berg, plötzlich und allein, der felsige Turm, der an jedem schönen Tag kupferfarben in der Abendsonne glänzte. Und die Waldhänge selber in ihrer unendlichen Bärenhaftigkeit! Dunkel, endlos, riesenhoch, steil dem Tal entsteigend, immerwährend es begleitend, unübersehbar, ewiglich! Erst boten sie sich dem Auge dar als eine Einheit und dann nahm man mehr und mehr und Hunderte von Buchten und Falten, von kleinen Felsabstürzen und andern wilden Stellen, von Schluchten und Rinnen wahr, und dann und wann auf einem Vorsprung eine stille Bergwiese – auch sie hatte man am ersten Tage übersehen –, eine kleine Welt von großer Sicherheit. Nie kam das Auge zu einem Ende bei seiner Forschungsarbeit in diesen Hängen. Im Dörfchen aber gab es rotäugige, hexenartige Gesichter, vergilbte, unheimlich und furchtsam starrende Gestalten, die ihrerseits fast jeden Fremden, der etwa einmal durch die Gegend kam, erschreckten. Und war da nicht, eine Zeit früher, auch jener alte Mann gewesen, der nie redete – obwohl freundlich schaute –, der alle Tage, einen glänzenden Kupferkessel am Arm, stumm und die Pfeife rauchend vorüberging, schmauchend, freundlich schauend und pergamentenen Gesichts, und mit so krummen Beinen, daß ein Schaf zwischen ihnen durchschlüpfen konnte? Genau genommen kam er nicht nur einmal, sondern viele Male jeden Tag vorüber – immer mit dem Kupferkessel –, man hatte sich so sehr an ihn gewöhnt; man sah ihn nicht. Und auf einmal war er tot. Da begann man ihn sich vorzustellen, da fragte man, wer ist es eigentlich, der jetzt nicht mehr, der da gestorben ist? – und sah ihn. Der Gletscherbach brauste, nachdem er den hohen Hang unsichtbar in tiefer Schlucht durchschritten hatte, durch das Dörfchen, das auf einem Schwemmkegel gebaut war, in einer Ausladung des machtvollen Haupttales; neben dem Bach, als eine Art zweiter Nerv, als zweite strukturgebende Linie, wand sich durch den Trupp der alten, niedrigen Häuser die einzige schmale, steile Straße – die man anderswo mit Not zu befahrenden Weg genannt hätte.

Und das baufällige Gemäuer, in dessen Erdgeschoß wir selber Wohnung bezogen hatten! Vielleicht fand sich nicht ein einziger genau rechter Winkel mehr an ihm; durch die wie Bäuche hervortretenden Mauern liefen zahlreiche Risse und Spalten. Und der Raum lag etwa einen Meter in der Erde, man konnte ihn halb Keller nennen. Wenn man die paar Steinstufen, deren jede ein merkwürdiges und von dem der andern verschiedenes Gesicht zeigte, zur Haustüre emporgestiegen war, erblickte man die ungeheuren dunkelgrünen Hänge, ewig vor- und rückwärtstretend, von kleinen Schluchten durchfurcht, immer einer und noch einer, bis ins Fernste, gleich den Falten eines Kleides der Unendlichkeit; und den kupferfarbenen Turm über ihnen,

der den ganzen Tag tatlos wartete, um in der Abendsonne zu glänzen; in welchem Maße jedoch still und sicher da droben! Und noch mancherlei Dinge. Die Gestalten der drei alten Weiber aber heben sich, nun, da der Wirkung nach sehr viele, wenn auch nach äußerer Schätzung nur kaum zehn Jahre vergangen sind, aus ihrem Hintergrunde mit einer Schärfe hervor, als ob sie die einzigen alten Weiber des Dorfes gewesen wären (mußten nicht noch andere dort sein?) oder überhaupt die einzigen aller Bergdörfer oder gar der Welt.
Doch kann das schon darum nicht stimmen, weil es böse alte Weiber gibt. Und das waren sie alle drei nicht.

1. Die Wuchtige

Nicht, weil sie minder deutlich wäre, ist von dieser am schwersten zu reden, aber weil sie nichts als in ungemeinem Maße Gegenwart besaß; was gibt es von einem Menschen zu erzählen, der in reiner Monumentalität *da ist*, ohne etwas zu *werden*, ohne sich zu bewegen?
Nein, sie blieb doch nicht ganz ohne Bewegung. Sie kam, an jedem schönen Tag wenigstens, aus dem ersten Stockwerk, das sie bewohnte und das genau über unserm Erdgeschoß lag, herunter, um den kleinen Platz vor dem Hause zu erreichen, wo sie einige Stunden blieb, meistens auf einer Art von Bank an die Kapelle gelehnt, bis sie den Aufstieg nach ihrer Behausung wieder antrat. Zu weiteren Reisen schien ihr seit Jahren jede Möglichkeit genommen zu sein; aber nicht nur die Möglichkeit, auch jedes Begehren. Ihr Heruntersteigen dauerte mehrere Minuten und zeigte

sich an durch ein charakteristisches Wanken des baufälligen Hauses; es erfolgte immer ein großer Stoß und ein kleiner; lange Stille, oder auch ein sachteres Beben, jedenfalls eine nicht ausgewogene, eine unruhige Stille; dann wieder ein großer Stoß und ein kleiner; das waren ihre Schritte. Wenn dann endlich die mächtige Gestalt unten erschienen war, die Haustüre verfinsternd, an deren Rahmen und an den Wänden sich haltend, vergingen abermals lange Momente, bis sie die paar Stufen, die ins Freie führten, erstiegen, dann, gewaltig auf ihren Stock lastend, die wenigen Meter bis zur Bank zurückgelegt hatte.

»Die Beine sind schwach«, begann sie mit tiefer, rauher Stimme, sobald sie uns zum erstenmal erblickte. Im Gegensatz zu fast allen Bewohnern des Dorfes zeigte sie uns, den Fremden, gegenüber keinerlei Scheu; nicht einmal einen Gruß fand sie nötig und sie redete zu uns gewiß nicht anders, als sie zu irgendeinem Vertrauten geredet hätte. »Die Beine sind schwach. Ich habe einen gesunden Magen, ich verdaue noch alles, alles! Mein Magen ist noch so gesund wie irgendein junger Magen. Ha! und nie habe ich Atmungsbeschwerden. Allein die Beine sind schwach und so bin ich doch nicht mehr viel nütze. Ich wollte zum Pfarrer in der Stadt gehen, der heilen kann. Er kann alles heilen, dieser Pfarrer in der Stadt. Aber es lohnt sich jetzt nicht mehr, ich bin zu alt. Was wollt ihr, ich werde achtundsiebzig im Sommer ...«

Sie redete diese Sätze ohne einen Anflug von Sentimentalität, die tiefe, schnarrende Stimme kalt und ruhig, allein in äußerlicher Weise, zu bäuerisch-lehrhaftem Ton etwas erhoben; ein mächtiger Atem, ein Atem aus der Eiszeit wehte uns innerlich entgegen. Gleichwohl vermochte ich die Bedeutung von »es lohnt sich nicht mehr« an diesem Tage nicht voll zu ermessen.

Das Auffallendste an ihrer äußeren Erscheinung waren wohl die Hände. Ungeheuer, in einer Farbe zwischen Sohlenleder und altem Kupfer, zugleich plump und mit hervortretenden Adern entragten sie den dicken schwarzen Kleiderlumpen, welche, schwer als einzelne Stücke erkennbar, die unförmige Gestalt vom Hals bis zu den Füßen umwanden und umhingen. Beim Gehen, dieser ungemein langsamen Bewegung über den Platz hin, schien die riesige Faust mit mehr Gewicht auf der Krücke des Stocks zu lasten, als den Beinen bei ihren winzigen, zittrichten, zeitlich weit auseinanderliegenden Schritten anvertraut wurde; auch erweckten die Hände den Eindruck, daß sie noch jetzt ohne sonderliche Mühe im Bedarfsfalle einen niederschlagen könnten, wenn er nur in ihre Reichweite käme. Das Gesicht, das fast achtzigjährige, überrascht durch seine Fleischmassen, rohen Wülste; wenig Recht erst räumte hier eine mächtige Vegetativität der Versteinerung, der Zusammenziehung des Greisenalters ein. Den harten Wülsten, rohen, hängenden Massen fehlt aber ein Scharfes, eigentlich Böses, so daß man das Gesicht doch nicht brutal nennen kann, nur ungeschlacht.

Ungeschlachter ist die Stimme! Diese tiefe, rauhe, bisweilen ins Krächzen übergehende Stimme eines starken Mannes – nein, die Stimme einer Kuh. Es ist fraglich, ob im ganzen Dörfchen ein Mann ebenso mühelos eine Klangmasse aufzubringen vermag wie diese, vor der das Haus zittert. Wir haben genügend Gelegenheit, die Stimme kennenzulernen ... Man könnte annehmen, daß all das Leben, das aus den Beinen gewichen ist, sich in dieses Organ ge-

flüchtet habe, das nun jedenfalls auf ungewöhnliche Weise manchen praktischen Dienst verrichtet: Wenn die Alte etwas braucht, krächzt sie droben in ihrem ersten Stockwerk, ohne sich auch nur die Mühe zu machen, ein Fenster zu öffnen, und in kurzem eilen irgendwelche ihrer zahlreichen Enkelkinder aus der Umgebung herbei, sich nach den Wünschen der Großmutter zu erkundigen und einen Gang für sie zu tun. Sie pflegt autoritär umzugehen mit den Kindern und diese verhalten sich respektvoll; sie brüllt manchmal so bedrohlich wider sie, daß ein Unkundiger für sie Furcht empfinden könnte, was die Kinder selber nicht tun; denn die Kraft hinter diesem rauhen Äußeren wird nicht zu unberechenbaren Ausbrüchen führen (dies allein würde wahren Schreck erregen), es ist eine große, aber nicht maßlose, sondern sicher gebändigte Kraft. Nicht selten befindet sich eine erwachsene Person für eine Stunde bei der Alten; fortwährend vernimmt man dann deren dröhnende, die ganze Umgebung beherrschende Rede, der Besucher Stimme dagegen, wer immer diese auch seien, nur dann und wann wie ein schwaches, fernes Beigeräusch.
Wohnrecht bis zu ihrem Lebensende wurde ihr gewährt in dem alten Gemäuer von dessen jetzigem Besitzer, einem ihrer Söhne, der selber in einem neuen Haus wohnte. Während dieser Zeit, bis zu ihrem Tode, sollte das verlotterte Gebäude auch nicht repariert werden – es wäre nämlich schon lange nötig, im ersten Stockwerk einen neuen Boden zu legen –; denn das lohne sich jetzt nicht mehr. So erklärte sie uns. Es lohne sich jetzt nicht mehr, ein paar Tage aus dem Hause zu ziehn, während die Arbeiter den neuen Boden legten, Störung und am Ende gar noch Kosten zu verursachen; ihr Sohn sei auch selber vernünftig

genug, nicht anders zu denken; übrigens werde der alte Boden gewiß ihre Zeit lang sie schon noch tragen, sie hüpfe und springe ja nicht viel! Dann aber, sobald sie begraben sei, werde der Sohn das Gebäude reparieren, hübsch neu herrichten lassen, um es besser vermieten zu können. Er sei ganz vernünftig, ihr Sohn; sie habe überhaupt nie klagen müssen über ihre Kinder. Und ganz umsonst wohne sie jetzt im Hause, obwohl sie nicht mehr arbeiten könne, und niemand mache ihr Vorwürfe!
Ungeheure Sache! All diese Sätze sagte sie nicht anders, als sie am ersten Tage von dem Pfarrer in der Stadt erzählt hatte, der heilen könne, was sich aber bei ihr »nicht mehr lohne«; die Stimme allein zu bäuerisch-lehrhaftem Ton etwas erhoben und bisweilen durch die freudige Achtung vor der großen Vernunft ihres Sohnes etwas bewegt, fern jeder andern Art von Gerührtheit. Sentimentalität und Ironie waren ihr gleichermaßen fremd, dieser wandelnden Burg. Sie sah ihren eigenen Tod nicht anders als ein Ding unter Dingen an. Ungeheure Sache, für uns. Diese Alte hatte, weit entfernt von aller höheren Entwicklung des Geistes, jenen Ort *noch* inne, den nur die höchsten Geister in seltenen Fällen *wieder* erreichen: Sie war ganz in die Welt eingegangen, – was der einzige sichere Weg zur Überwindung des Todes, der Furcht vor dem Tode ist.
Von diesem Tage an war eine Änderung eingetreten in meiner Einstellung zu ihr: Ich sah sie von nun an in einer ganz anderen Weise alt, als *uralt,* nicht ein Jahrhundert, sondern Jahrtausende alt. Und während ich sie anschaute und erzählen hörte, geschah mir oft dasselbe: auf einmal vernahm ich eine Stimme wie Johann Sebastian Bachs Stimme, nicht weniger starr im Äußern, nicht weniger voll von Dingen,

ebenso unvermindert durch alles Persönlich-Sentimentale, ebenso nichtmenschlich, groß und unbezweifelbar.
Sie erzählte Einfachstes und auf die kürzeste Art: Vor vierzig Jahren sei ihr Mann gestorben und da habe sie sehr viel arbeiten müssen, fast Tag und Nacht, um die Kinder aufzuziehen. Und eben im ersten, dem ärgsten Jahr starb ihr noch eine Kuh! Sie habe sich aber doch nicht herunterdrücken lassen. (Dies war vielleicht der Satz mit der größten Wirkung. Denn hier wie nirgends lag die Möglichkeit nahe, etwas Gefühlvolles, irgend etwas von der Seite menschlichen rührseligen Jauchzens oder Klagens her, in den Ton einfließen zu lassen, – man wurde eigentlich gezwungen dazu, wenn man in seinem Wesen überhaupt die Ermöglichung der Rührseligkeit besaß, man konnte dann den Satz gar nicht anders sprechen. Sie sprach ihn trocken wie Holz. Blieb kalt und nüchtern dabei wie ein Stein.) – Und wie sie damals Angst gehabt hätten, als die Männer, in der Nacht noch mit der Laterne, zu einem schweren Gang ins Gebirge hatten aufbrechen müssen, sie aber, die Weiber, nichts tun konnten als warten; der Tag ging um, es wurde wieder Nacht und immer kamen sie nicht und kamen sie nicht; wenigstens jede Viertelstunde ging eine von ihnen hinaus und immer war der Wald ganz dunkel. In jener Nacht dachte keine von ihnen ans Schlafen! Endlich gegen vier Uhr hatte eine von ihnen etwas gehört und auf einmal sahen sie dann die Laterne doch durch den finsteren Wald ... »Die Laterne doch durch den finsteren Wald«: wie jetzt, wie gestern. Ein halbes Jahrhundert war indessen vorüber.
»*Noch* mehr Butter?« sagte sie langsam, schnarchend, mit ungläubigem Staunen, als wir ihr einmal nachmittags, da

wir eben einen Imbiß einnahmen, etwas zum Essen angeboten hatten; und in ergriffener Verwunderung den Kopf schüttelnd, als sie sah, daß wir es ernst meinten, fuhr sie fort:

»Noch mehr bekomme ich? Aber *so* gute Leute!«

Es ist klar, daß sie Komplimente machen so wenig kannte wie Schmeichelei. Aber ihre Worte konnten auch nicht dadurch gedeutet werden, daß ihr durch diese Gabe ein besonders wertvoller Dienst geleistet worden wäre: sie war nicht arm, sie hatte unsere Hilfe nicht nötig; sondern, was sie sagte, war in einem viel höheren Grade naiv. Nur ein sehr junges Kind redet sonst so.

»Aber *so* gute Leute!« Was aber war es, das ihr diese Freude erweckte? Ein Klumpen Brot, einige Gramm Butter verwandelten sich in ihrer Hand, gewannen wirklich ein neues Leben, wieder ein Leben! Für uns banale Dinge des Gebrauchs, wurden sie nun wie der Kunstgegenstand in der Hand des Kenners, der das kostbare Stück mit sicherem Blick und raschem Griff aus der Menge der Wertlosigkeiten hervorgehoben hat und emporhält: jetzt wird auch dem Unkundigen, er muß nur die Miene des Mannes sehen, einiges vom Wert des Gegenstandes klar. Die Alte aß die Speise, aber langsam, mit Andacht – das Wort ist nicht zu stark; sie hielt den Klumpen Brot in ihren riesigen Händen mit Andacht. Dabei übte sie abermals eine nicht geringere Magie aus (von der sie nichts wußte), als die uns in ihrer Einstellung zum Tode entgegengetreten war. Die Magie dieses wuchtigen, steinartigen und rauhen Weibes, dieser burghaften Figur, ruhte in ihrem Alter; einem Alter, das so ungeheuer war, daß es als Brücke diente hinüber zu einer ganz andern Zeit, die man sonst nur denken konnte und die hier dem äußeren Auge sichtbar wurde, der Zeit, da der Mensch noch unendlich mühsam und in einer schwer zu beschreibenden Einheit mit den Dingen lebte.

2. Die Stille

Hinter einer Holzlaube mit zarten Pflanzen, beschattet von der Kapelle, im ersten Stockwerk, wohnte ein anderes altes Weib; ein stilleres. Still ist alles an ihr, so still, daß man sie lange Zeit nicht, dann erst wahrnimmt, wenn einmal die äußere Welt selber sich zur Stille neigt; im Lärm, da, wo Menschen versammelt sind, verschwindet ihre Erscheinung, sei es, daß sie lautlos hin- und vorüberging, sei es, daß einfach den Augen die Fähigkeit genommen ist, sie hier zu bemerken.
Indessen ist ihr Äußeres durch sein Gebrechen auffallend und nicht zu verwechseln: beim Gehen trägt die Frau den Rumpf in rechtem Winkel zu den Beinen, nahezu waagrecht; nur des Rumpfes oberer Teil folgt einer etwas ansteigenden Linie, einer steileren der Kopf; in der Kreuzgegend findet sich somit eine Art von Einsattelung, in der die Frau während des Gehens die verschränkten Hände zu placieren pflegt.
Sie lebt allein. Sie spricht fast nie und dann nur weniges. Sie besitzt einen Garten, der mit ihr verbunden scheint in einer besonderen Unzertrennlichkeit; fast würde man denken, er sei eine Eigenschaft von ihr, dieser seltsame Garten. Er liegt etwa dreißig Schritte weiter unten am Sträßchen, ist lang, schmal und vergittert, und mit einem säuberlichen, säuberlich geflickten, aber so schwachen und ge-

brechlichen Tor versehen, daß es gewiß keiner Ziege und keinem kleinen Kind Einhalt gebieten würde, wenn diese sich in den Sinn gesetzt hätten, widerrechtlich und ohne Rücksicht auf dessen verschlossenen Zustand in den Garten einzudringen. Nur sie, die Alte, machte sich jeden Sommertag – nachdem sie die kleine Straße heruntergeschlürft ist mit dem großen Schlüssel, den man von weitem sieht, zumal sie ihn in den Händen in der Kreuzgegend trägt – eine sehr lange Zeit an dem Schloß des peinlich verriegelten Tores zu schaffen, bis es sich öffnet. Dann tritt sie ein und ist verschwunden; verschwunden, obwohl man sie ganz gewiß sehen müßte, denn es wachsen keine so gewaltigen Pflanzen in ihrem Garten. Man bemerkt und hört sie nicht mehr, bis sie, zwei oder drei Stunden später, wieder am Tor erschienen ist, es lange Zeit säuberlich verriegelt, und zurückkehrt.

Ihr Gesicht ist schmal. Ihre feierlich klare, hohe, singende Stimme redet zu allen Leuten gleich: langsam erstehende Worte, die immer sehr wenige bleiben werden; kein Mensch hat sie je viele nacheinander reden gehört; wenige geben gleichsam den Anfang und das Ende, die volle Höhe der Dinge; es ist kein Drang nach mehr. Die Leute des Dorfes sagen von dieser Frau, man dürfe nicht darauf hören, was sie berichte; die sei nämlich ganz kindisch. Ich sah sie einmal beim Brunnen stehen und mit zarter Hand nach dem Wasserstrahl greifen: mit so zarter, scheuer Hand, als ob es gälte, einen Schmetterling zu fassen, ohne seine Flügel zu verletzen. In dieser Weise griffen ihre Finger längere Zeit nach dem Strahl und bisweilen schien es auch, als ob sie ein wenig Wasser zu zerdrücken suche; daß sie die Hände zu waschen im Sinne tragen mochte, fiel mir erst später ein. Dann sagte sie dieses Staunenerregende – natürlichen Eifers, ganz ohne eigentliches Staunen –: »Wasser gibt es viel, viel in Turra.« Ich schaute sie und das Wasser an. Und auf den dicken, halb glasklaren und halb silbernen, unablässig hervordringenden Strahl zeigend fuhr sie fort: »Ja, das kann niemand sagen, daß es nicht viel, viel Wasser gebe in Turra!« Nie äußerte sonst jemand etwas Derartiges im Dorfe! Sondern sie kamen nur alle und holten vom Wasser, Eimer um Eimer voll, und redeten von den Zinsen, den Märkten und sahen erst dann, wenn das Wasser einmal nicht floß, wieder auf den Brunnen, und schalten.

Allmählich stellte ich fest, daß diese Frau überhaupt nie aus Langeweile redete noch aus Höflichkeit. Sie hatte, wenn sie vorbeiging, seltsame Worte, farbige. Und mochte sie selbst vom Wetter sprechen, auch es war gesehen, sie berichtete davon wie von einem Wunder. Einmal sah ich sie aufmerksam über eine Mauer hin, deren Höhe das eben erlaubte, in einen Garten hineinblicken (nicht in den ihrigen); nach einer Weile bemerkte ich, daß sie die Hände ganz sachte zusammenschlug, einen Ton erzeugend, den man vielleicht in zwei, aber nicht in zehn Metern Entfernung vernahm. Ich trat näher. Im Takt mit den sanften Schlägen – die eigentlich weniger Schläge waren als ein wiederholtes Ineinanderlegen der Hände – machte sie: pst, pst …, eindringlich und hauchleise, wie wenn sie, nachdem ein schwer Erkrankter endlich eingeschlafen ist, jemanden, der das noch nicht weiß, vom Sprechen abhalten wollte. Als ich die Lage erkannte, hatte ich trotz allem Mühe, mein Lachen zurückzudrängen: am andern Ende des ziemlich großen Gartens trieben Hühner ihr Wesen. –

»Wollen sie nicht gehen?« – »Eben nicht!« begann, leise gequält diesmal, die langsame, singende Stimme, »sie fressen alles im Garten, sie kommen immer über den Zaun und wollen gar nicht gehen. Pst, pst.« Ich warf einen Stein in die Nähe der Hühner, die uns jetzt zum erstenmal Aufmerksamkeit schenkten und mit ungeheuerlichem Spektakel entwichen.

An einem späten Abend spaltete ich vor dem Hause noch einiges Holz, als sie die Straße herunterkam, – eine Weile schon hörte man unregelmäßig ihre etwas schlürfenden Schritte, ganz nahe bei mir angekommen, hörte deren Geräusch auf. »Gut ist dieses Holz …« Die Stimme tönt angenehm in der Nacht, sagte ich mir, aber man kann es mit dem besten Willen jetzt und von dort aus nicht sehen, ob das Holz gut ist. Doch um die Höflichkeit zu erwidern – um eine freundliche Höflichkeit, meinte ich, handle es sich diesmal doch –, sagte ich, mich aufrichtend: »Es ist trokken.« Sie hatte aber noch nicht ausgeredet, nur eine Pause geschehen lassen, und setzte, ohne meiner Worte zu achten, aus der gleichen Versunkenheit heraus ihren monotonen Singsang fort: »… gespalten im schönen Scheine. Beim Spalten haben Sie eine doppelte Laterne.«

Doppelte Laterne? Wahrlich, mir gegenüber, an der Ecke der Gartenmauer, stand die einzige hier sichtbare, und die war nicht doppelt. Sollte ich von der gebückten Haltung des Körpers gar zu benommen sein? Freude und eine Art von Scham überfluteten mich plötzlich zugleich. Sehr hoch über den Dächern, deutlich und rein stand der Mond. Ich wollte der Alten etwas nachrufen, fand aber in meiner freudigen Bewegung nur ein unklares Wort, das sie nicht mehr erreichte; denn schon hatte sie, ohne die Möglichkeit einer

Antwort in Erwägung zu ziehen, ihren Weg wieder aufgenommen, und da ging sie, tief zur Erde gebückt und dünn und schon weiter entfernt zwischen den gewundenen Gartenmauern die kleine Straße hinunter, während ich ihr erregt nachschaute, verdutzt und beschämt durch diese einfache Tatsache, daß die andere Laterne, die sie meinte, höher oben war.

3. Die Furchtbare

Die dritte, am wenigsten alte von den dreien – vielleicht war sie überhaupt nicht alt; die Zahl der Jahre, die sie erlebt hatte, wäre schwer zu schätzen gewesen –, fiel in einem Maße auf, vom ersten Augenblicke an, daß ich meinte, nie etwas Vergleichbarem begegnet zu sein. In Lumpen gehüllt kam eine greuliche Puppe mit winzigen Schritten und wankend die Straße herunter; mit dem Gesicht einer verwitterten und schmutzigen grauen Lehmfigur, das auch an Bilder Schopenhauers und Beethovens erinnerte; und dem Ausdruck eines Menschen, der von aller Welt verachtet ist und dieses weiß, und weiß, daß darin nie eine Änderung kommen wird. Die aus Ärmeln von ungemeiner Schmutzigkeit hervorragenden, selber nicht reinern, völlig ungeformten Handgelenke, übelfarbene Wachsballen, waren dicker als die flossenartige Hand; die Gestalt schien äußerst gebrechlich; die unbedeckten Haare, strähnig, nie gekämmt, mußten wohl grau sein. Man konnte die Erscheinung ohne Mühe auch für die einer Irrsinnigen halten. Während sie am Brunnen einen zerschlagenen Topf sich füllen und überlaufen ließ, sandte sie Blicke umher, die nacheinander und manchmal fast gleichzeitig stumpf und nachdenklich, haßerfüllt und demütig waren. Wenn sie vorbeiging, schaute sie einen an; einen Moment nur, der Kopf fiel ihr hin und her; doch meinte man, während dieses Moments einem scharfen Auge begegnet zu sein, was man wieder nicht recht glauben konnte, wenn man ihr nachschaute, wie sie davonwankte, eine greuliche Puppe, beinahe schon das Gestaltlose.

Trotz meiner Bemühungen erfuhr ich wenig über die Frau. Sie heiße Therese und sei gar nichts wert. – Sie lebe von Bettelei, gehe hinunter in den Marktflecken und in andere Dörfer des Tales, manchmal sogar zwei Stunden weit. Ja, man würde nicht annehmen, daß sie so weit gehen könne. Oh, die sei noch zäh. – Und abermals: Man dürfe nicht auf das hören, was sie sage. Es wolle ja auch niemand von ihnen mit der etwas zu tun haben, jene dort unten ausgenommen, die selber nicht viel wert sei (sie bezeichneten eine alleinstehende Frau, die heimlich viel trank, oder doch diesen Ruf hatte); zu der gehe Therese oft und da rede sie auch und manchmal beginne sie zu brüllen. – »Sie brüllt?« – Da lachten die Leute andeutungsvoll. »Haben Sie sie noch nie gehört? Wenn die ihren Tag hat …« Ich fragte noch, was sie denn brülle. Es ginge, meinten sie, meistens gegen den Pfarrer; genau wisse ja das niemand, wer höre an, was Therese sage? Doch habe ihr der frühere Geistliche regelmäßig eine kleine Unterstützung gegeben, der jetzige aber kümmere sich nicht um sie, werde auch anderes zu tun haben.

Es verging lange Zeit, ohne daß ich sie indessen nur ein Wort sagen hörte. Ich war darauf angewiesen, sie von außen zu beobachten. Bisweilen sah ich sie vorbeiwanken mit einem winzigen Pfännchen, das sie bloß in den Händen trug. (Sie gehe etwas Kaffee holen bei jener andern Frau, die nichts wert sei, der Trinkerin, hieß es; sie schneide etwas Stroh als Gegenleistung oder säge drei Stücke Holz.) Mehr als einmal sah ich sie am Straßenrand stehen, erinnernd an einen schmutzigen, verwischten, abschmelzenden Schneemann im Frühling, aber mit grauenerregendem Blick: auf einmal nahmen dann ihre Augen den Ausdruck heuchlerischer Milde an und ihre Bewegungen wurden deutlich diejenigen eines Menschen, der weiß, daß man ihm zuschaut; und dann bückte sie sich und nahm zu meinem Schrecken aus dem Rinnsal am Wegrand, das eine graue, völlig undurchsichtige Flüssigkeit führte, ein Pfännchen voll hoch und trank langsam davon – der Brunnen mit klarem Wasser stand zwanzig Schritte weit. Überhaupt waren ihre Gebärden häufig die beruflichen einer gewöhnlichen Bettlerin: sie hatte deren heuchlerischen Blick, frommen Augenaufschlag, tief demütiges Niederschauen. Ich gab ihr bisweilen etwas, das sie lautlos, mit großartiger und zurückweichender Bewegung annahm. Ihr Gesicht, von nahem gesehen, war so schmutzig wie eine Straße im März. Ihr Gehen bestand in einem eigentümlichen, nicht wiederzugebenden Wanken – gleichsam in der Auflösung einer Bewegung, man meinte, daß sie zögere, jeder Schritt, nein, jeder Teil eines Schrittes wurde von einem andern Sinn oder Gedanken gelenkt. Es kam auch vor, daß sie bei Begegnungen mit dem Ausdruck der Wut sich von mir abwandte und floh.

Aber nach einiger Zeit gelang es dennoch, sie ihre Scheuheit uns gegenüber verlieren zu lassen, und nun kam sie uns bisweilen besuchen und gab ihre Stummheit auf. Diese

Besuche verliefen immer fast genau gleich. Auf eine sehr besondere Art begannen sie schon: Nachdem sie lautlos vor die Türe gekommen war wie ein Tier, blieb sie eine lange Zeit stehen und dann erst klopfte sie ganz leise. Wenn man nun rief: Herein! oder etwas Ähnliches, ging sie wieder weg; wollte man, daß sie eintrete, war es nötig, ihr die Türe zu öffnen und den Kopf einladend zu bewegen; Worte brauchte man nicht zu machen. (Ich habe überhaupt nie Gewißheit darüber erlangt, ob sie auch nur *ein* Wort, das wir sagten, verstanden hat.) Sie hob den Kopf, sandte einen ihrer unbeschreiblichen Blicke und wankte in den Raum herein. Nicht weit von der Türe blieb sie stehen, immer stumm bleibend, eine ungestalte Puppe, das Gesicht grau und fürchterlich, wie Beethoven auf den ärgsten Bildern nicht aussieht. Bot man ihr nun einen Stuhl an, so setzte sie sich und dankte mit einer feierlichen Kopfbewegung, immer ohne eine Silbe zu sagen. Es hatte keinen Sinn, den Verlauf der Ereignisse ändern zu wollen, abbrechen konnte man, nicht ändern. Man mußte ihr jetzt etwas geben. Dann sagte sie auf einmal mit einer unerwartet (immer wieder unerwartet) rauhen, starken und deutlich aussprechenden Stimme: »Es ist nicht möglich.« Langsam aß sie das Dargereichte. Langsam nickte sie dabei von Zeit zu Zeit und schaute einen mehrere Sekunden lang mit ihren mächtigen Augen an; ja, mächtig waren diese Augen; mächtig, daß ihre Blicke nicht auszuhalten waren, daß sie in einem gewissen Maße unangenehm wurden, daß sie das einzige Massive darstellten in einer durch sie matt und müde gewordenen Umgebung (wie manchmal ein Granitblock in einer unbestimmten, verschwimmenden Umgebung sich finden mag). Das Besondere des Blicks dieser graublauen,

nicht vibrierenden, sondern einen fortwährenden, geschlossenen, intensiven Strahl (in der Art eines Scheinwerfers) sendenden Augen bestand darin – ich stelle das heute erst fest –, daß in ihm äußerste Angst und äußerste Gewaltausübung unvermittelt nebeneinander wohnten (man findet Derartiges in Bildern Michelangelos); oder: ihr Blick stellte eine nicht zu definierende Mittelzone dar, von der aus der Ausdruck des Entsetzens und derjenige der äußersten Gewaltsamkeit ebenso leicht, durch eine ebenso winzige Veränderung erreicht werden konnte. Dann sagte sie noch: »Gott wird euch danken dafür.« Sinnlos war es, sie etwa, laut oder leise, mit Gebärden oder ohne solche zu fragen, wie es ihr gehe, wohin sie heute gewandert sei oder zu wandern gedenke: solche Fragen waren für sie ungeschehen, sie nahm nicht mehr Rücksicht darauf als auf ein Räuspern. Lange blieb sie wieder stumm, nur hie und da das bedeutungsschwere, langsame, richterliche Nicken wiederholend. Und dann auf einmal geschah es – nicht bei jedem Besuche geschah es, manchmal ging sie auch wieder weg, ohne sich um ein Weiteres offenbart zu haben, sie hatte dann eben nicht »ihren Tag« –: Der Orkan ihrer Stimme, ohne Übergang, erhob sich, stand da, hielt den Raum.
Ihr Gesicht rötete sich nicht, veränderte sich nicht, sah mehr als je erdfarben aus, tönern oder wie aus Stein; und dieser Stein redete, mit der Stimme eines Steins; die kurzen, einfachen, fast jedesmal gleichen Sätze drangen uns aus ihm entgegen mit einer Tonstärke, von der es wohl kaum möglich sein wird, einen Begriff zu geben. Die andere Alte, die Ungeschlachte mit den schwachen Beinen, sie erzeugte gewiß einen gewaltigen Lärm; aber seine Klang-

masse, ob auch Haus und Umgebung füllend, blieb doch immer nur von der Art eines Kuhgebrülls: Ein wütender Stier gibt einen ewig und zutiefst verschiedenen Ton von sich. Theresens Stimme hatte etwas so Unverbundenes, Grelles, Ehernes, war so *durchdringend* – und von einer solchen Fähigkeit, stets zu neuen, scheinbar nicht mehr zu überbietenden Gipfeln anzuwachsen –, daß man, noch so bekannt mit ihr, doch immer wieder eines leisen Grauens sich kaum zu erwehren vermochte. »Ihr auch – ihr müßt nicht Angst haben: Gott sieht es!« Damit begann der Orkan; und nach einer kurzen Zeit der Stille wütete er auf das entsetzlichste fort: »Der ist nicht wie der Pfaffe, der. Er lebt noch, habt nur nicht Angst. Der sieht noch alles, er sieht auch den Pfaffen. – Solche Pfaffen wie sie jetzt sind, das sind aber auch gar keine Priester mehr. So einer ist kein Priester, er hat gut von Gott reden. Ein Halunke ist er. Ein Halunke, hört ihr! Nichts als ein Halunke!! – Aber wartet nur, es ist noch einer da, der es sieht. Er lebt noch, der da droben, habt nur nicht Angst. Er wird es ihm zurückzahlen. Der sieht noch alles.«

Das war das erste ihrer beiden Themen, das jedesmal wiederkehrte mit nur geringen Varianten. Der zweite Teil ihrer Rede handelte von den Bewohnern des Dorfes und entwickelte sich ganz ähnlich. Auch sie waren Halunken, Halunken und Verrückte. Es war aber noch einer da, der es sah; wenn sie auch nicht mehr an ihn glaubten und nur lachten, der sah es doch und würde es ihnen noch zurückzahlen. – »Und es war auch nicht immer so wie jetzt. Und es ist auch nicht überall so wie hier und es wird auch hier wieder eine andere Zeit kommen. Der da droben ist noch da, wartet nur. Er lebt noch, der.« Nach einer Zeit des

Schweigens fügte sie manchmal, bevor sie wegging, hinzu, mit einer zehnmal weniger starken und immer noch kräftigen Stimme: »Ihr seid noch die einzigen« oder »Ihr seid noch von den wenigen, die besser sind«. Dann hüllte sie sich wieder in eine ungeheure Stummheit, wie ein Stein, und in dieser Stummheit blieb sie tagelang.

Konnte man sich eines leisen Grauens nicht erwehren? Die Bauern hatten andere Nerven; sie hörten in ihren Häusern wohl die furchtbaren Töne, aber sie sagten: »Es ist nur die Therese. Sie hat heute wieder ihren Tag.« Die Kinder vergnügten sich bisweilen daran, sie von hinten zu bewerfen oder zu stoßen (keinem Erwachsenen fiel es je ein, ihnen das ernstlich zu verwehren). Dann drehte sie sich langsam um und machte eine drohende Bewegung oder schrie: »Wartet nur! Gott sieht euch, ihr Verrückte.«

Die Hütte, in der Therese wohnte, unter allen Hütten niedrig, stand als die letzte an der kleinen, in das Gebirge hineinlaufenden Straße (die bald, wo die Taleinbuchtung in steilere Hänge übergeht, von Wegen abgelöst wird) und stand so verlottert und niedrig da, als ob sie darnach trachte, in kurzem zu versinken und zu verschwinden. Als Therese uns gegenüber zahmer geworden war, gelang es mir auch, Einblick in den einzigen Wohnraum dieser Hütte zu gewinnen, die nicht Therese gehörte, in der ihr nur zu wohnen gestattet worden war. (Eine genaue Prüfung hätte indessen – einige dunkle Andeutungen, die im Dorfe gemacht wurden, lassen mich das vermuten – vielleicht das Gegenteil erwiesen: daß ihre menschliche Umgebung der Therese dieses Recht nicht geschenkt, sondern vielmehr alles, bis auf dieses Recht, im Laufe der Zeit auf diese und jene gewundene Weise genommen hatte.) Diesen Wohnraum hätte man auf der Bühne als Äußeres eines Märchenstückes nicht verwenden können, weil seine Phantastik als zu übertrieben gewirkt hätte. Er war mit Gegenständen so sehr gefüllt, daß der freie Platz auch einer einzigen Person beinahe keine Bewegungen mehr erlaubte; es fand sich hier ungefähr alles auf der Welt, ausgenommen das, was zu irgend etwas dienen konnte. Unzählige Lappen erblickte ich, Säcke, durchlöcherte Pfannen und Töpfe, seltsame Bündel, von denen eines Theresens Bett sein mußte; welches, war nicht zu ermitteln. Ein alter, zweifellos nie mehr in Funktion tretender Herd stand da, eine Öllampe, ein sehr unreinlicher Tisch; Scherben in großer Zahl, Stücke Holz lagen umher, Ansammlungen von Sägemehl, zwei zerbrochene Stühle. Geschwächtes Licht kam von einem kleinen, teilweise blinden und teilweise mit Papier verklebten Fenster, das mit einem vor Verrostung brüchig, ja bröckelig gewordenen Drahtgitter und kaum solideren Eisenstäben versehen war, auf dessen abgeschliffenem, in der Art von sehr alten Treppenstufen schiefem Gesimse krumme Nägel und Stücke von Flaschen lagen, so viele sich halten konnten, und über dessen Nische herunter Lappen hingen, als ob die Dämmerung sonst nicht dick genug wäre.

Der Geistliche habe Therese das Abendmahl verweigert, weil sie nicht gebeichtet habe; daraufhin habe sie zu beichten verlangt und der Geistliche habe die Beichte nicht empfangen wollen; und seither sei sie nun eben erst recht im Zorn wider den Geistlichen. – Aber was sei die auch für eine, fügten, die das erzählten, hinzu; wahrlich, wenn es viele solche gäbe im Dorfe –! Ich wisse doch, was sie sich am letzten Kirchenfest wieder geleistet habe, als der Bischof kam, vor dem Gottesdienst? Ich verneinte und er-

fuhr die Geschichte. Sehr früh, um ja den Beginn der hohen Feierlichkeit nicht zu verfehlen, kam Therese nach der Kirche im Marktflecken heruntergewankt. Ein erdiger Unterrock hing ihr weit unter dem Rock hervor und schleifte auf der Straße; aber auf dem strähnigen, nie gekämmten Haar trug sie heute einen Hut mit einer sehr langstieligen, geknickten Feder, die bei jedem Schritt mächtig auf und nieder schwang; und in der Hand ein schwarzes Buch, obwohl sie nicht lesen konnte. Und ihr Gesicht sah furchtbar aus! Ihre Bewegungen waren entschlossener als sonst, gewiß hatte sie wieder ihren Tag; nun, ohne nach links oder rechts zu schauen, schritt sie durch die noch fast leere Kirche ... schritt schnurgerade, wie nach einem mit fragloser Sicherheit gekannten Ziel, auf die Plätze zu, die, wenn nicht für den Bischof selber, für seine Gefolgschaft und die hohen geistlichen Würdenträger der Gemeinde bestimmt waren; und setzte sich. Saß da, streng, ohne sich umzuschauen, ein Steinbild.
Allmählich füllte sich die Kirche; keine Zeichen, kein Gemurmel und keine Zurufe drangen zu Therese. Zeichen konnte sie nicht wahrnehmen, weil sie sich nicht umdrehte, nicht einmal nach links und rechts schaute; was aber Laute betraf – wer könnte sagen, wie weit Theresens körperliche Taubheit ging, an welcher Stelle sie von einer innerlichen und allgemeinen abgelöst wurde? Nun war das Eintreffen der hohen Herren jeden Augenblick zu erwarten! Vor solchem Ernst der Lage erschien kein Geringerer als der Geistliche selber. Er schritt, unter der allgemeinen Spannung, ganz nahe an Therese heran; man hätte denken können, die gewünschte Wirkung sei zu erreichen schon durch sein bloßes Auftreten. Allein Therese nahm ihn

nicht wahr –. Nun begann er Zeichen zu machen. Er redete eindringlich in halblauten Sätzen. Er redete lauter mit deutlichen Gebärden. Und jetzt war es genug, jetzt verlor Therese die Fassung. Nachdem sie mit einem Rucke sich zu ihm aufgerichtet und ihn ins Auge gefaßt hatte, ihr gewaltiges Auge, und einige lange Sekunden verstrichen waren, während deren fast niemand atmete, da hörte man auf einmal Therese überlaut atmen und ihr Atmen ging in ein Rasseln über und dann, sogleich, erhob sie sich, die furchtbare Stimme, die Stimme eines verwundeten Stieres, langgezogen, ehern: »Hää – Halunke? – Hat Gott dich hier eingesetzt?«

Dieser Stimme – was hätte der Geistliche ihr gegenüberstellen sollen? Er zog sich schnell zurück, sein Rückzug war ein eigentliches Fliehen, und in kurzem kamen dann ein paar Männer – Küster, Küfer und breite Bauernsöhne –, die Therese mühelos hinaus und zur Aufbewahrung in einen Ziegenstall führten.

Der Winter war erschienen mit vielem Eis, ohne etwas Sichtbares an dem Leben Thereses zu ändern. Es war auch, als ob sie nicht erfrieren könne; sie kam aus ihrer Hütte heruntergewankt wie immer und kümmerte sich um nichts. Später, als Tauwetter mit Regengüssen eingetreten war, der angeschwollene Bach durchs Dorf toste und an allen Ecken schleimige Tümpel standen, durch kleine Bäche miteinander verbunden, die aber zumeist unter tiefem Schnee flossen, so daß man ihrer erst gewahr wurde, wenn der Fuß hineintrat und sie in sausender Nässe ihn umgaben und hervorsprangen und nun eine Zeitlang auch über den Schnee hin davonschossen, – als man kein Kind zur

Schule gehen ließ und auch ein Erwachsener nur so viele Schritte vor das Haus tat, als unumgänglich notwendig waren: da sah man allein Therese sich die Straße herunterbewegen wie immer. Das Wasser spritzte an ihrem Rock hoch, der schon troff; sie bemerkte es nicht, ging nicht schneller noch langsamer, mochte an ganz andere Dinge denken, vielleicht daran, daß sie in ihrer frostigen Hütte verhungern würde, – während sie heranwankte, steinern und schwach, und ihre Füße immer von neuem in eisiges Wasser und tiefen Schneeschlamm setzte, diese nicht mit Schuhen bekleideten Füße, sondern mit aus Lappen und Lederüberbleibseln und Schnüren zusammengesetzten Gebilden, die keinen Namen haben.
Ich sah Therese zum letztenmal einige Tage vor unserer Abreise an einem merkwürdigen Frühlingsabend. Die Welt, in die ich von meiner Türe schaute, zeigte sich in einer eigentümlichen *Trockenheit* – oder erweckte doch den Eindruck der Trockenheit –, wie es in seltenen Stunden dieser Jahreszeit einmal vorkommt; zeigte die Dinge in einer Herbheit und reifen Klarheit, wie sie eigentlich viel mehr dem Herbst als dem Frühling angehören (als ob die Jugend des Jahres schon müde wäre). Eine Landschaft mit geheimnisvoller Abgelöstheit. Eine Atmosphäre, die ebensowohl als warm und gesund gelten konnte, wie unbesiegliche Fieber verleihen; – nichts Irdisches; das sonst nicht Irdische wurde irdisch: alles übliche Solide der Welt war mehr als je in Frage gestellt. Als die Dämmerung begann, schlich Therese die kleine Straße herauf und ihrer Hütte zu; sie ging vorüber und ich schaute ihr nach, von ihr unbemerkt. Auf einmal bog sie zwei Meter von ihrem Wege ab und schloß mit fast rasch und sicher zu nennenden Be-

wegungen die Laden eines Hauses, die, worüber ich mir jetzt bewußt wurde, sonst immer um diese Zeit von dem Bewohner dieses Hauses selbst geschlossen zu werden pflegten; – und dieser kam jetzt auch schon hervor, um Ausschau zu halten, beinahe aufgeregt, ein berechnender, dürrer Bauer; als er die davonwankende Therese erblickte, ging er beruhigt, sich mit dem Finger an die Stirn fahrend in einer Geste befreiender Erklärung, wieder in seine Behausung zurück.

Es dunkelte stark und die Gebirge, die immer unermeßlich gewesen waren, wurden unermeßlicher; in diese Unermeßlichkeit hinein lief die kleine Straße, kurz, schmal, steil. Auf der Straße ging nur noch die Alte allein. Auf einmal empfing ich den rasch bedrohlich werdenden Eindruck, daß sie ihre Bewegungen auf derselben Stelle mache, daß sie ihre Hütte, die in einer Entfernung von fünfzig Metern stand, nicht mehr erreichen würde. Sie *kam nie mehr heim*! Die Bergwände wurden riesenhoch, nicht doppelt, sondern zehnmal so hoch wie vorher. Die Nacht, eine mondlose Nacht, wuchs aus ihnen, kam aus ihnen um uns, über uns. Eine Zeit, die sich zu schrecklicher Länge dehnte, starrte ich Therese nach, ohne mich lösen zu können von meinem Gesichte; immer ging sie da, ging, ohne vorwärtszukommen, wankend nach links und rechts, und noch regten sich ihr strähniges Haar und Lappen an ihr, die sich zu lösen schienen, aber bald glich sie nur noch einem zerzausten Baum, wenn der Wind seine Arme, bestehend aus Gespinst und Gezweig, lässig bewegt, oder einer müden kleinen Mühle.

1933-1938

Inhalt

Bibliothek Suhrkamp

Alphabetisches Verzeichnis

Bibliothek Suhrkamp
Verzeichnis der letzten Nummern

1272 Thomas Wolfe, Der verlorene Knabe
1273 E. M. Cioran, Leidenschaftlicher Leitfaden
1274 Bertolt Brecht, Flüchtlingsgespräche
1275 Else Lasker-Schüler, In Theben geboren
1276 Samuel Joseph Agnon, Buch der Taten
1277 Volker Braun, Die unvollendete Geschichte und ihr Ende
1279 Yasushi Inoue, Shirobamba
1281 György Konrád, Heimkehr
1282 Peter Bichsel, Der Busant
1284 Carlos Fuentes, Der alte Gringo
1285 Peter Rühmkorf, Lethe mit Schuß
1286 Cees Nooteboom, Der Ritter ist gestorben
1287 Christopher Isherwood, Praterveilchen
1288 Ernst Weiß, Jarmila
1289 Vladimir Nabokov, Pnin
1291 Rainer Maria Rilke, Mitten im Lesen schreib ich Dir
1293 S.J. Agnon, Liebe und Trennung
1295 Inger Christensen, Das Schmetterlingstal
1296 Rosario Castellanos, Die Tugend der Frauen von Comitán
1297 Marcel Proust, Freuden und Tage
1298 Weniamin Kawerin, Vor dem Spiegel
1299 Juan Carlos Onetti, Wenn es nicht mehr wichtig ist
1300 Peter Handke, Drei Versuche
1301 Hans Henny Jahnn, 13 nicht geheure Geschichten
1302 Claude Simon, Die Akazie
1303 Hans Blumenberg, Begriffe in Geschichten
1304 Friederike Mayröcker, Benachbarte Metalle
1305 S.Yishar, Ein arabisches Dorf
1306 Paul Valéry, Leonardo da Vinci
1308 Octavio Paz, Im Lichte Indiens
1309 Gertrud Kolmar, Welten
1310 Alberto Savinio, Tragödie der Kindheit
1311 Zbigniew Herbert, Opfer der Könige
1314 Augusto Roa Bastos, Die Nacht des Admirals
1315 Frank Wedekind, Lulu – Die Büchse der Pandora
1316 Jorge Ibargüengoitia, Abendstunden in der Provinz
1317 Marina Zwetajewa, Ein Abend nicht von dieser Welt
1318 Hans Henny Jahnn, Die Nacht aus Blei
1319 Julio Cortázar, Andrés Favas Tagebuch
1320 Thomas Bernhard, Das Kalkwerk
1321 Marcel Proust, Combray
1322 Ludwig Wittgenstein, Logisch-philosophische Abhandlung
1323 Hermann Lenz, Spiegelhütte
1325 Sigrid Undset, Das glückliche Alter
1326 Botho Strauß, Gedankenfluchten
1328 Paul Nizon, Untertauchen

1330 Sherwood Anderson, Winesburg, Ohio
1331 Derrida / Montaigne, Über die Freundschaft
1332 Günter Grass, Katz und Maus
1333 Gert Ledig, Die Stalinorgel
1335 Heiner Müller, Ende der Handschrift
1337 Konstantinos Kavafis, Gefärbtes Glas
1338 Wolfgang Koeppen, Die Jawang-Gesellschaft
1339 Jorge Semprun, Die Ohnmacht
1341 Hermann Hesse, Der Zauberer
1342 Hermann Broch, Hofmannsthal und seine Zeit
1343 Bertolt Brecht, Kalendergeschichten
1344 Odysseas Elytis, Oxópetra / Westlich der Trauer
1345 Hermann Hesse, Peter Camenzind
1346 Franz Kafka, Strafen
1347 Amos Oz, Sumchi
1348 Stefan Zweig, Schachnovelle
1349 Ivo Andrić, Der verdammte Hof
1350 Rudolf Borchardts Leben von ihm selbst erzählt
1351 André Breton, Nadja
1352 Ted Hughes, Etwas muß bleiben
1353 Arno Schmidt, Das steinerne Herz
1354 José María Arguedas, Diamanten und Feuersteine
1355 Thomas Brasch, Vor den Vätern sterben die Söhne
1356 Federico García Lorca, Zigeunerromanzen
1357 Imre Kertész, Der Spurensucher
1358 István Örkény, Minutennovellen
1360 Giorgio Agamben, Idee der Prosa
1361 Alfredo Bryce Echenique, Ein Frosch in der Wüste
1363 Ted Hughes, Birthday Letters
1364 Ralf Rothmann, Stier
1365 Arno Schmidt, Seelandschaft mit Pocahontas
1366 Bertolt Brecht, Geschichten vom Herrn Keuner
1367 M. Blecher, Aus der unmittelbaren Unwirklichkeit
1368 Joseph Conrad, Ein Lächeln des Glücks
1369 Christoph Hein, Der Ort. Das Jahrhundert
1370 Gertrud Kolmar, Die jüdische Mutter
1371 Hermann Lenz, Vielleicht lebst du weiter im Stein
1372 Ludwig Wittgenstein, Philosophische Untersuchungen
1373 Thomas Brasch, Der schöne 27. September
1374 Péter Esterházy, Die Hilfsverben des Herzens
1375 Stanislaus Joyce, Meines Bruders Hüter
1376 Yasunari Kawabata, Schneeland
1377 Heiner Müller, Germania
1378 Du kamst, Vogel, Herz, im Flug; Spanische Lyrik
1379 Giorgio Agamben, Kindheit und Geschichte
1380 Louis Begley, Lügen in Zeiten des Krieges
1381 Alejo Carpentier, Das Reich von dieser Welt
1382 Nagib Machfus, Das Hausboot am Nil
1383 Guillermo Rosales, Boarding Home
1384 Siegfried Unseld, Briefe an die Autoren

1385 Theodor W. Adorno, Traumprotokolle
1386 Rudolf Borchardt, Jamben
1387 Günter Grass, »Wir leben im Ei«
1389 Hans-Ulrich Treichel, Der Felsen, an dem ich hänge
1388 Palinurus, Das ruhelose Grab
1390 Edward Upward, Reise an die Grenze
1391 Adonis und Dimitri T. Analis, Unter dem Licht der Zeit
1392 Samuel Beckett, Trötentöne/Mirlitonnades
1393 Federico García Lorca, Dichter in New York
1394 Durs Grünbein, Der Misanthrop auf Capri
1395 Ko Un, Die Sterne über dem Land der Väter
1396 Wisława Szymborska, Der Augenblick/Chwila
1397 Brigitte Kronauer, Frau Melanie, Frau Martha und Frau Gertrud
1398 Idea Vilariño, An Liebe
1399 M. Blecher, Vernarbte Herzen
1401 Gert Jonke, Schule der Geläufigkeit
1402 Heiner Müller / Sophokles, Philoktet
1403 Giorgos Seferis, Ionische Reise
1404 Christa Wolf, Nachdenken über Christa T.
1405 Günther Anders, Tagesnotizen
1406 Roberto Arlt, Das böse Spielzeug
1407 Hermann Hesse / Stefan Zweig, Briefwechsel
1408 Franz Kafka, Die Zürauer Aphorismen
1409 Saadat Hassan Manto, Schwarze Notizen
1410 Arno Schmidt, Die Gelehrtenrepublik
1411 Bruno Bayen, Die Verärgerten
1412 Marcel Beyer, Flughunde
1413 Thomas Brasch, Was ich mir wünsche
1414 Reto Hänny, Flug
1415 Zygmunt Haupt, Vorhut
1416 Gerhard Meier, Toteninsel
1417 Gerhard Meier, Borodino
1418 Gerhard Meier, Die Ballade vom Schneien
1419 Raymond Queneau, Stilübungen
1420 Jürgen Becker, Dorfrand mit Tankstelle
1421 Peter Handke, Noch einmal für Thukydides
1422 Georges Hyvernaud, Der Viehwaggon
1423 Dezső Kosztolányi, Lerche
1424 Josep Pla, Das graue Heft
1425 Ernst Wiechert, Der Totenwald
1427 Leonora Carrington, Das Haus der Angst
1428 Rainald Goetz, Irre
1429 A. F. Th. van der Heijden, Treibsand urbar machen
1430 Helmut Heißenbüttel, Über Benjamin
1431 Henri Thomas, Das Vorgebirge
1432 Arno Schmidt, Traumflausn
1433 Walter Benjamin, Träume
1434 M. Blecher, Beleuchtete Höhle
1435 Edmundo Desnoes, Erinnerungen an die Unterentwicklung
1436 Nazim Hikmet, Die Romantiker

1437 Pierre Michon, Rimbaud der Sohn
1438 Franz Tumler, Der Mantel
1439 Munyol Yi, Der Dichter
1440 Ralf Rothmann, Milch und Kohle
1441 Djuna Barnes, Nachtgewächs
1442 Isaiah Berlin, Der Igel und der Fuchs
1443 Frisch, Skizze eines Unglücks / Johnson, Skizze eines Verunglückten
1444 Alfred Kubin, Die andere Seite
1445 Heiner Müller, Traumtexte
1446 Jannis Ritsos, Monovassiá
1447 Volker Braun, Der Stoff zum Leben 1-4
1448 Roland Barthes, Die helle Kammer
1449 Siegfried Kracauer, Straßen in Berlin und anderswo
1450 Hermann Lenz, Neue Zeit
1451 Siegfried Unseld, Reiseberichte
1452 Samuel Beckett, Disjecta
1453 Thomas Bernhard, An der Baumgrenze
1454 Hans Blumenberg, Löwen
1455 Gershom Scholem, Die Geheimnisse der Schöpfung
1456 Georges Hyvernaud, Haut und Knochen
1457 Gabriel Josipovici, Moo Pak
1458 Ernst Meister, Gedichte
1459 Meret Oppenheim, Träume Aufzeichnungen
1460 Alexander Kluge, Gerhard Richter, Dezember
1461 Paul Celan, Gedichte
1462 Felix Hartlaub, Kriegsaufzeichnungen aus Paris
1463 Pierre Michon, Die Grande Beune
1464 Marie NDiaye, Mein Herz in der Enge
1465 Ossip Mandelstam, Anna Achmatowa
1467 Robert Walser, Mikrogramme
1468 James Joyce, Geschichten von Shem und Shaun
1469 Hans Blumenberg, Quellen, Ströme, Eisberge
1470 Florjan Lipuš, Boštjans Flug
1471 Shahrnush Parsipur, Frauen ohne Männer
1472 John Cage, Empty Mind
1473 Felix Hartlaub, Italienische Reise
1474 Pierre Michon, Die Elf
1475 Pierre Michon, Leben der kleinen Toten
1476 Kito Lorenc, Gedichte
1477 Alexander Kluge/Gerhard Richter, Nachricht von ruhigen Momenten
1478 E.M. Cioran, Leidenschaftlicher Leitfaden II
1479 Christa Wolf, Kein Ort. Nirgends
1480 Renata Adler, Rennboot
1481 Julio Cortázar/Carol Dunlop, Die Autonauten auf der Kosmobahn
1482 Lidia Ginsburg, Aufzeichnungen eines Blockademenschen
1483 Ludwig Hohl, Die Notizen
1484 Ludwig Hohl, Bergfahrt
1485 Ludwig Hohl, Nuancen und Details
1486 Ludwig Hohl, Vom Erreichbaren und vom Unerreichbaren
1487 Ludwig Hohl, Nächtlicher Weg

49–